Les souvenirs de demain

Monika Dugué-Moreira

Les souvenirs de demain

Roman

ISBN : 979-10-377-8584-8

Toutes ressemblances avec des personnages et des lieux existants ne sont pas une coïncidence.

Aux deux hommes que j'ai aimés, à mes enfants, mes petits-enfants,
à Christiane, à Sylvie et à Guy-Arthur

La sonnette de la porte d'entrée retentit… Mathilde jeta un coup d'œil à son reflet, dans le miroir de l'entrée, ébouriffa machinalement ses cheveux, comme si le simple fait d'arranger ses cheveux allait embellir son visage vieilli et amaigri, et ouvrit la porte. Elle reçut en pleine figure le sourire radieux de Arth, qui, un bras tendu vers elle, lui présentait une rose d'une couleur orange flamboyant, à peine ouverte, probablement cueillie le matin même dans son jardin. Elle la prit, la respira, apprécia un vrai parfum de rose, pas cette odeur âcre de serre ressemblant à une senteur de cimetière. Celle-là était LA rose, celle de son enfance, dont elle apprécia tant les effluves quand elle jouait dans le jardin de sa grand-mère. De plus, elle était de sa couleur préférée, si rare pour une rose.

Arth lui souriait toujours, la main qu'il avait cachée dans son dos jaillit sous le visage de Maty. Un petit nounours en peluche, vêtu d'un blouson et portant des lunettes d'aviateur, la regardait de ses yeux ronds.

« Bon anniversaire, Maty », dit-il avec un grand sourire.

« Tu es un amour… » balbutia-t-elle en serrant le nounours contre son visage. Elle était émue et embarrassée par tant de gentillesse. Pour cacher sa confusion, elle se serra contre lui. Il referma les bras autour d'elle. Son étreinte, trop chaleureuse, trop appuyée, la gêna, et, en même temps, lui fit plaisir. Le corps de Maty était emprunté dans sa rigidité. Elle refusait de se laisser aller à ce moment de tendresse, ne sachant même pas si elle devait se repaître de cet instant de manifestation amoureuse ou le repousser.

Elle y réfléchirait plus tard, cela arrivait beaucoup trop vite, beaucoup trop tôt, elle n'était pas prête, elle n'était même pas sûre d'en avoir envie. Elle s'éloigna de lui, lui sourit pour adoucir ce brusque recul, l'invita à entrer.

« Assieds-toi, Je reviens tout de suite, je vais présenter cet adorable ourson à ses nouveaux amis, je l'appellerais Arthy ».

Elle entra dans sa chambre, embrassa le petit ourson et le plaça délicatement au milieu des autres, bien rangés sur des étagères.

« Je vous présente Arthy, soyez gentils avec lui ».

Elle retourna au salon.

« Salut Arthy, je suis Michka, le doyen ici. Comme tu peux le voir, nous sommes très nombreux. Voici René, mon cadet de deux ans, et Noël, de quelques années plus jeune. Tu apprendras le nom des autres au fur et à mesure ».

« Bonjour tout le monde, je suis content d'être parmi vous. Michka, tu es le plus vieux ! quel âge as-tu ? »

« Eh ! j'ai le même âge que Maty, nous avons cinquante-cinq ans depuis hier. Je suis son cadeau de naissance, son ami, son confident depuis toujours. Elle m'a si souvent raconté ses joies et ses chagrins. »

« Ses chagrins ? Elle ne donne pourtant pas l'impression d'être une femme triste. Avec ses cheveux roux ébouriffés, ses vêtements colorés, sa petite taille, elle paraît plutôt juvénile et enjouée, comme un écureuil, toujours en mouvement ! »

« Elle est d'une nature optimiste, c'est vrai, mais c'est souvent une façade, tu sais. La vie n'a pas toujours été très douce pour elle, surtout ces dernières années ».

« Peux-tu me raconter Michka ? Je voudrais tant apprendre à la connaître. Elle paraît si gentille, elle m'a serré contre elle, elle m'a fait un bisou, je l'aime déjà ».

« Nous l'aimons tous ici, nous veillons sur elle et elle prend soin de nous », ajouta Chacha, l'ourse polaire offerte par Françoise, une amie de Maty.

« Raconte s'il te plaît ! » insista Arthy.

« D'accord ! » sourit Michka.

« Je vais commencer par sa naissance, il y a donc cinquante-cinq ans. Mathilde, que nous appelons tous Maty, est née en Allemagne, à Fribourg-en-Brisgau. Ses parents habitaient dans cette ville où son père, militaire, avait été muté quelques mois auparavant. Ce métier l'amenait souvent dans des villes ou des pays différents. Son épouse, qui était couturière de formation, se transforma en femme au foyer afin de le suivre dans ses déplacements. Maty ne gardera aucun souvenir de sa ville natale, son père ayant été muté à Bourges, un an après sa naissance. Puis, Maty et sa mère s'installèrent quelques semaines chez la grand-mère maternelle, dans l'attente de la naissance d'une petite sœur, Caroline, qui vit le jour dans les Landes, un an après la naissance de Maty. Entre-temps, le père fut affecté en Algérie. Toute la famille partit donc à Sétif, en mille neuf cent cinquante-neuf.

« Ce fut cette année-là que j'arrivais dans la vie de Maty », dit René, l'ours marron au museau allongé.

« Oui, répondit Michka, j'avais enfin un compagnon pour chérir ma Mathilde adorée ».

Elle avait quatre ans quand ils arrivèrent en Algérie. Ce séjour, dans ce pays en pleine révolution, fut un cauchemar pour elle. La peur panique des bombes et des tirs de mitraillettes restera gravée en elle une grande partie de sa vie, provoquant sa hantise des pétards, des feux d'artifice, des orages et de tous bruits secs et retentissants. Sa mémoire ne put jamais effacer le souvenir d'une soirée, où elle se trouvait dans leur appartement, avec sa sœur et sa mère. Cette dernière leur lisait une histoire, quand, tout à coup, les fellaghas, partisans de l'Algérie indépendante, tirèrent dans la porte. La mère et les deux fillettes se réfugièrent sous le lit, affolées. La maman, épouvantée, essayait malgré tout de rassurer ses enfants qui hurlaient. Le bruit assourdissant des déflagrations dura quelques minutes qui semblèrent une éternité. Elles restèrent toute la nuit dans leur cachette, terrorisées, jusqu'au retour du père, au petit matin. Maty conserva, avec effroi, le souvenir terrifiant de cet épisode. La peur de sa mère avait engendré la sienne, mais elle n'avait pas vraiment évalué le danger auquel elles avaient échappé. Cependant, cette nuit, où elle était tapie sous le lit, déclencha une claustrophobie qui provoqua en elle une panique irraisonnée à chaque fois qu'elle se trouvait dans des lieux confinés. Pendant de très longues années, elle fut dans l'incapacité de monter dans un ascenseur. Elle ne supportait pas non plus les fenêtres fermées. Elle avait la sensation d'étouffer si la maison était close. Elle fut obsédée, longtemps, par la peur de perdre ses parents, de rester seule, d'être orpheline, ce qui faisait d'elle une petite fille craintive, torturée par la phobie de la mort, sans toutefois avoir assimilé ce que signifiait mourir.

En mille neuf cent soixante et un, ils quittèrent l'Algérie à bord d'un gros Boeing. Les trous d'air donnaient la sensation que l'avion était une plume ballottée par le vent, rendant Mathilde malade de peur, vomissant durant tout le voyage. Encore une phobie qu'elle gardera longtemps. Elle refusa catégoriquement, jusqu'à un âge assez avancé, de voyager en avion.

Ils s'installèrent à Dax, ville des Landes où ils restèrent cinq ans. Une autre petite sœur y vit le jour en mille neuf cent soixante-deux, Marianne.

Mathilde savait lire et écrire couramment, sa mère le lui avait appris en Algérie. Quand elle arriva à Dax, elle rentra au cours préparatoire. Tous les autres enfants ânonnaient laborieusement l'alphabet, qu'elle connaissait par cœur, et elle s'ennuyait mortellement. Elle pleurait, refusait d'aller à l'école. Elle aimait apprendre, mais elle ne voulait pas quitter ses parents, elle était terrorisée, loin d'eux, craignant qu'ils meurent pendant son absence. Cette hantise de devenir orpheline était plantée en elle comme une racine, grignotant son cœur toujours angoissé, faisant d'elle une petite fille timorée.

Quatre années passèrent, et la famille repartit. Ils s'installèrent à Saint-Raphaël, jolie ville du Var. Mathilde avait neuf ans. Commença une période heureuse pour elle. Elle aimait cette région, le soleil, la mer, l'appartement où ils vivaient, ses camarades de classe, et plus tard le collège.

Un petit frère naquit en mille neuf cent soixante-cinq, Jean-Christophe. La famille avait perdu l'espoir de la venue au monde d'un garçon, et cette naissance fut un moment de joie partagée par tous.

« Ce fut cette année-là que j'arrivais dans la vie de Mathilde », dit Brigand, grand ours maigre et pelé, baptisé ainsi à cause de son air famélique.

« Elle nous aimait tant, elle nous confiait tous ses secrets de petite fille », rajouta Lou.

« Je fus le quatrième, dit Noël, son cadeau de Noël de l'année 1966 ».

Nous étions quatre maintenant, pour veiller sur elle, la consoler. Elle semblait plus enjouée, mais son anxiété restait tapie au fond d'elle-même. Elle passait des heures à genoux, sur son lit, dans le noir, à prier. Sa mère était croyante et pratiquante, elle avait inculqué à ses enfants une instruction religieuse poussée. Maty calquait sur sa mère cette dévotion, pensant avec effroi que tous les malheurs s'abattraient sur sa famille si elle ne priait pas. Cette angoisse de perdre ceux qu'elle aimait tant ne la quittait pas, et son éducation religieuse stricte ne l'aidait pas à en être délivrée.

En mille neuf cent soixante-sept, son père prit sa retraite de l'armée. Il était encore jeune, il devait trouver un nouvel emploi, sa pension de retraite ne suffisait pas à nourrir sa nombreuse famille. Il passa un concours pour être agent des impôts, concours qu'il obtint avec succès. Il sollicita un poste dans sa région natale, le Sud-Ouest, et toute la famille quitta la Provence.

Ce départ de sa chère Provence affecta beaucoup Mathilde.

Elle ne s'adapta jamais tout à fait à ce nouveau canton qui lui était imposé. Elle regretta toujours cette si belle région ensoleillée qu'elle venait de quitter et qu'elle avait tant aimée. Sa grand-mère maternelle vint vivre avec eux. Maty était aux anges, elle adorait sa grand-mère qui était beaucoup plus permissive que sa mère, plus attentionnée. Mémé Virginie était son amie, sa confidente. Elle l'aimait de tout son cœur.

Ses parents firent construire une grande maison dans la petite ville où ils s'étaient établis. Maty alla au collège de son village, accompagnée de sa sœur Caroline, qui était une bonne élève, contrairement à elle, qui ne faisait aucun effort pour étudier. Cela agaçait beaucoup ses parents qui lui citaient en exemple les bons résultats scolaires de sa sœur. Cette comparaison, qui, évidemment, n'était pas à l'avantage de Maty, la blessait cruellement. Pourtant, tout dans son attitude désinvolte montrait qu'elle s'en moquait.

« Tant pis, pensait-elle fataliste. Caroline est mieux que moi, les parents en sont fiers, ils l'encouragent et elle progresse. Moi, ils me critiquent et ils ont raison. Mais je ne suis pas Caroline, et je n'ai pas envie de compétition avec elle ». Elle aimait trop sa sœur pour cela, elle l'admirait, la trouvait belle et intelligente. Elle l'enviait, mais jamais elle n'éprouva de jalousie envers elle. Maty n'aspirait qu'aux encouragements et aux félicitations de ses parents, mais seule sa grand-mère, sentant sa mélancolie, la consolait, lui faisait des éloges. Elle se sentait malgré tout minable de ne pas susciter de fierté chez ses parents mais n'en montrait rien. Elle cachait son complexe d'infériorité, tantôt sous une apparence décontractée et folâtre, tantôt avec un comportement indocile et révolté. Cette façon d'agir lui attirait les foudres parentales. Ainsi ils s'intéressaient à elle. Qu'importe la manière qu'il fallait employer pour paraître importante à leurs yeux ! Il en avait toujours été ainsi de toute façon. Elle avait, depuis son enfance, cette impression que ses parents étaient agacés par sa façon d'être. Trop timorée, ou trop rebelle. Elle pleurait trop souvent ou elle riait trop fort. Tout était prétexte à la dévaloriser.

Pourtant, elle les aimait si fort, ils étaient son nid où elle était à l'abri. Mais elle se demandait toujours comment elle devait agir pour leur plaire et ne pas susciter de mécontentement de leur part. Toutes ces questions ne l'aidaient pas à être débarrassée de ses complexes.

En mille neuf cent soixante et onze, le vingt mars, lors de la fête du printemps, dans leur village, elle remarqua un très beau jeune homme. Ces magnifiques yeux verts, ses superbes cheveux blonds ondulés, ses épaules musclées, et surtout ses mains larges et fortes, le faisaient ressembler à Apollon, le dieu grec de la beauté, tant son physique était harmonieux et donnait une impression de puissance et d'assurance. Lui aussi la distingua, et, quand elle quitta la fête foraine, il entreprit, au volant d'une grosse mobylette, de la filer jusqu'à chez elle. Maty était accompagnée ce jour-là de son amie et voisine, Martine. Elles papotaient, tout en marchant sur la route qui les ramenait chez elles.

Quand, tout à coup, un bruit de moteur derrière elles fit se retourner Maty. Elle s'aperçut que le jeune homme les suivait. Son cœur s'emballa. Elle demanda à Martine de ralentir le pas car elles arrivaient à hauteur de leur quartier. Le jeune garçon passa fièrement devant elles, ne tournant même pas la tête de leur côté, continuant son chemin, l'air dégagé. Au bout de la rue, il fit demi-tour et revint vers elles. Maty supplia son amie :

« Fais quelque chose Martine, il faut qu'il s'arrête ».

Quand le jeune homme arriva à leur hauteur, Martine l'interpella, tendant vers lui un étui :

« Eh bonjour ! Tu veux un chewing-gum ? »

L'excuse fit rire bêtement Maty, mais quand Apollon immobilisa son véhicule, le rire de Maty cessa net. Sa gorge était nouée, ses jambes tremblaient. Il refusa poliment la friandise, tout en restant assis sur le siège de sa mobylette, une jambe négligemment posée par terre, la regardant avec insistance, sans dire un mot. Leur regard était rivé l'un à l'autre, celui de Maty était plongé dans le vert des yeux d'Apollon, elle s'y noya. Son corps était piqueté de petites décharges électriques, mais si délicieuses qu'elles n'étaient pas douloureuses, au contraire, elles allégeaient son corps, qui volait. C'était un moment magique, hors du temps, où pendant quelques secondes, ils se retrouvaient seuls au monde, touchés par la foudre.

« Comment t'appelles-tu », balbutia-t-elle d'une voix qu'elle ne reconnut pas, tant elle était émue.

« Alexandro, mais on m'appelle Alex. Et toi ? » répondit-il, tout aussi remué.

« Mathilde, mes amis m'appellent Maty. Tu peux m'appeler Maty ».

La conversation se poursuivit timidement, ils faisaient connaissance. Au bout d'une demi-heure, ils ne surent plus quoi dire, Martine prit le relais, et lui proposa de revenir dans l'après-midi, pour une promenade. Il accepta avec un plaisir évident, demanda la permission d'amener un ami, et rendez-vous fut pris vers quatorze heures devant chez Maty. Il fut ponctuel. Son cousin Carlos l'accompagnait. Les quatre adolescents passèrent un dimanche après-midi très agréable dans la campagne environnante, en ce mois de mars ensoleillé.

Alex avait quinze ans, Maty seize. Leur histoire d'amour commençait. Ils devinrent très proches, se voyaient tous les jours, car Alex habitait à quelques rues de chez Maty. La première fois qu'il l'embrassa, elle se crut au paradis. Leurs deux cœurs battaient à l'unisson. Celui de Maty cognait fort dans sa poitrine, c'était son premier baiser, elle était chavirée de bonheur. Au fil des semaines, ils apprirent à se connaître, à s'aimer, à s'adorer, ne pouvant se passer l'un de l'autre. Envolées les angoisses, la sensation de se penser inférieure, disgracieuse. Alex la trouvait belle, il le lui disait et elle savait qu'il était sincère. Ses yeux si amoureux ne mentaient pas. La chenille devenait papillon, un papillon grisé de liberté, envahi de joie. Elle avait envie de chanter, de danser, alors elle chantait, elle virevoltait.

Cette année-là, Mathilde passa son BEPC, qu'elle obtint avec succès, de même que sa sœur Caroline. Mais si cette dernière désirait continuer ses études secondaires, afin de décrocher son baccalauréat et d'entrer ensuite à l'école d'infirmière, ce n'était pas le cas de Maty. Elle désirait travailler tout de suite, mais seul, son brevet des collèges ne suffisait pas pour prétendre à un emploi. Elle n'avait jamais été très douée pour les études, elle n'aimait que le français et le dessin. Les autres matières, et surtout les mathématiques, les sciences et la technologie, tout ce qui demandait une logique, la barbaient et elle ne faisait aucun effort pour s'y intéresser. Ses parents décidèrent qu'elle intégrerait un collège technique où on enseignait la comptabilité. Elle était désorientée : elle deviendrait pensionnaire, elle qui était terrifiée à l'idée de quitter ses parents. Elle était en colère : elle détestait les chiffres, et on l'obligeait à les étudier pendant deux ans. Elle était triste : elle quittait son Alex adoré toute la semaine, c'était un crève-cœur pour tous les deux.

Mais bon gré, mal gré, elle dut se plier aux exigences parentales.

Étonnamment, elle s'adapta très vite à cette vie de pensionnat, se fit beaucoup d'amis et se sentit presque libre, pour la première fois de sa vie. Quel paradoxe entre sa volonté de liberté permanente et sa peur de quitter ses parents ! Elle savait depuis longtemps que ses sentiments étaient contradictoires, mais elle avait toujours pataugé dans ses paradoxes. Ici, au sein de ce lycée, loin de ses parents toute la semaine, elle ne ressentait plus le besoin de leur présence permanente et était délivrée de cette nécessité. Mais Alexandre lui manquait. Elle lui écrivait tous les jours, de belles lettres pleines de poèmes et de dessins. Elle était romantique, son amour pour Alex était si pur, si fort, si sincère. Il était l'homme de sa vie, elle en était certaine. Il lui avait donné son premier baiser de femme, il avait fait battre son cœur d'adolescente complexée. Elle se sentait belle dans ses yeux, unique, exceptionnelle. Leurs parcours de vie étaient si différents, que les conversations qui en découlaient étaient toujours passionnantes. Ils se racontaient l'un à l'autre avec confiance. Leurs étreintes étaient passionnées, leurs baisers, d'abord timides et maladroits, devinrent torrides.

Malgré tout, Mathilde refusait de faire l'amour avec lui, elle n'était pas prête encore à faire ce pas vers l'adulte qu'elle ne voulait pas encore devenir. Alex attendait patiemment.

Quelques semaines plus tard, dans l'enceinte du lycée, elle fit la connaissance de David, un grand jeune homme au doux regard gris, aux cheveux châtains mi-longs, arborant une moustache et fumant la pipe. Il ne ressemblait pas aux autres garçons du Lycée. Il était posé, il écoutait et observait plutôt que de parler, de se mettre en avant, comme la plupart des jeunes de son âge.

Ce trait de sa personnalité plut immédiatement à Maty. Il lui fut facile de deviner très vite qu'il éprouvait pour elle un sentiment amoureux, car il ne s'en cachait pas. Il recherchait constamment sa compagnie, discrètement mais avec assiduité. Il lui plaisait beaucoup, sa compagnie lui était plus qu'agréable, mais elle ne ressentait pas cette même inclination à son encontre.

Elle fut sincère avec lui :

« Je t'aime beaucoup David, mais je suis amoureuse d'Alex. Soyons amis, je ne peux rien t'offrir d'autre. »

Résigné, il accepta cette proposition. Il ne voulait pas la brusquer au risque de la perdre, mais il gardait le secret espoir que cette amitié qu'elle lui suggérait se transforme en amour au fil du temps. Il était confiant. Il fut, dès lors, le chevalier servant, toujours prêt à offrir son épaule, afin qu'elle s'y appuie en cas de déprime passagère.

Il devint un véritable ami, toujours à l'écoute, toujours présent, prévenant et bienveillant.

Mais l'affection sincère que Maty avait pour lui n'évolua pas vers un sentiment plus tendre. Elle s'en défendait, sachant que David lui plaisait beaucoup, que sa présence lui devenait chaque jour nécessaire. Mais elle aimait Alex, et ne voulait pas lui être infidèle, même pour un baiser éphémère.

Elle passa deux ans dans ce lycée et ce fut une des périodes les plus heureuses de sa courte vie. Elle se fit beaucoup d'amis, la plus importante était Sylvie, dont l'amitié subsiste encore aujourd'hui. Elles se confiaient l'une à l'autre comme deux sœurs. Elles possédaient un petit carnet bleu, dans lequel elles s'écrivaient pendant les heures d'étude, le soir, car il était interdit de parler. Elles y notaient tous leurs secrets, s'y faisaient des confidences. Elles se passaient le carnet, et l'une après l'autre écrivait. C'était comme une conversation ininterrompue entre elles, qu'elles recommençaient chaque soir. Sylvie y mentionnait ses états d'âme du moment, Maty répondait, et ainsi de suite pendant des heures. Leurs petits soucis d'adolescente leur semblaient insurmontables, les noter noir sur blanc, en sachant que l'amie les lisait, les comprenait et donnait son avis, les effaçait comme par enchantement.

Et pourtant, avant de faire la connaissance de Sylvie, elle l'avait jugé froide et prétentieuse, en la croisant un jour dans le village où elles résidaient toutes les deux, parce que son air pincé lui avait déplu.

« Quelle snob cette nana », avait condamné Maty.

Il en fut de même pour Sylvie qui avait pensé : « c'est une merdeuse ! » Chacune resta sur ses positions pendant quelques semaines, jusqu'au jour où, pendant le trajet hebdomadaire dans le train qui les amenait au lycée, elles s'adressèrent la parole. Maty découvrit une jeune fille agréable, intelligente, aussi complexée qu'elle l'était elle-même. Sylvie pensa la même chose et leur amitié grandissait au fil des mois. Depuis cet épisode, Maty se promit de ne plus juger quiconque sans apprendre à la connaître préalablement.

Les élèves avaient la permission de sortir de l'enceinte du Lycée le mercredi après-midi. Maty découvrait la griserie de la liberté. Elle passait toutes ces heures d'indépendance avec ses amis, sans la surveillance constante des professeurs et des pions. David était souvent présent lors de ces sorties, dont elle garda un souvenir de fête, d'amitié, d'échange et d'affranchissement. Le jour de ses dix-huit ans, ses amis lui firent la surprise d'organiser un goûter dans le petit bar où ils se réunissaient tous les mercredis après-midi, dans lequel le patron avait pris cette bande de copains en amitié.

Ce jour-là, Alex avait pris le train pour lui faire la surprise de sa venue, pour son anniversaire. Elle sortait du Lycée, entourée de ses camarades, au bras de David. Elle aperçut Alex qui attendait devant le bâtiment, accompagnée par Caroline. Son visage se durcit quand il vit Maty et David bras dessus bras dessous. Sa jalousie se manifestait, sans qu'il ait prononcé un seul mot. Quand David le vit, il tourna les talons et partit. Mathilde était heureuse de la venue d'Alex, mais mal à l'aise devant son air renfrogné et triste du départ de David. Alex grommela qu'il espérait se retrouver seul avec elle, elle se fit câline, lui présenta ses amis et cette fête, qui était le premier anniversaire qu'elle célébrait, fut un moment fabuleux de réjouissance et de partage.

Les deux ans dans ce lycée furent enchanteurs pour Maty. Ses études ne la passionnaient pas vraiment, les chiffres n'ayant jamais été ses amis. Mais elles adoraient ses camarades. Elle avait la permission de ses parents, de temps en temps, de passer le week-end chez une de ses copines. Elle ne voyait pas Alex ces jours-là, mais elle était si heureuse de faire la fête avec ses amis, que le manque d'Alex était vite oublié.

La fin de ses études approchait pourtant, il lui fallut bien admettre que cette vie d'étudiante insouciante allait prendre fin, une fois son examen en poche. Ce jour-là arriva. Elle devint candidate au monde du travail, une adulte capable de gagner sa vie.

Elle quitta donc le lycée, ses chers amis et surtout David, avec lequel elle échangeait de longues lettres. Lui écrivait son amour pour elle, elle répondait son amitié pour lui et son amour pour Alexandre, comme pour conjurer cette ambiguïté qu'elle ressentait au fond d'elle-même, se posant la question sur le sentiment qu'elle éprouvait pour David : amitié ou amour.

Elle aimait beaucoup David, elle adorait Alex, sans pour autant faire vraiment la différence entre ces sentiments. Elle était comblée dans les bras d'Alexandre, elle était sereine aux côtés de David. Chacun lui apportait un bien-être et contribuait à son épanouissement. N'aimait-elle Alexandre que parce qu'il était le premier à avoir ému son cœur et éveillé ses sens ? Refusait-elle l'amour de David par fidélité envers Alexandre ? Elle ne savait pas. Elle avait dix-huit ans, l'âge où ces sentiments si complexes sont encore une énigme. Elle ne s'en doutait pas encore, mais cette incertitude pouvait ne jamais être résolue.

Elle écouta son cœur, qui battait beaucoup plus fort pour Alex. Elle décréta qu'elle était amoureuse de lui et qu'elle n'éprouvait que de la tendresse pour David, une tendresse certainement ambiguë, parce qu'elle le savait amoureux d'elle et que cela la troublait malgré tout. La vérité, c'est qu'elle les aimait tous les deux, différemment, mais également. Ce n'était pas louable, ce n'était pas conforme aux bonnes mœurs d'aimer deux hommes. Pourtant, son cœur était assez grand pour cela. Elle aimait ses deux sœurs, elle aimait ses deux parents, elle aimait plusieurs de ses amis. Pourquoi devait-on se sentir coupable d'aimer deux hommes ?

Parce que l'éducation judéo-chrétienne reçue imposait ce choix, sans tenir compte des sentiments ressentis. La religion prônait l'amour, mais avec des codes bien délimités. « aime ton prochain sans limites, mais interdiction d'aimer deux hommes en même temps ». Maty trouvait cela injuste et illogique mais se sentait fautive de penser ainsi.

En mille neuf cent soixante-quatorze, elle trouva un job en qualité de comptable dans une grande entreprise de fruits et légumes.

Cette même année, David fut appelé pour le service national. Il lui rendit visite chez ses parents, pour lui dire au revoir. Il devait s'envoler pour le Sénégal la semaine suivante.

Quand il arriva, malgré la joie qu'elle ressentait de le revoir, elle le reçut froidement, avec une espèce de réserve, certainement pour se protéger d'un au revoir qui ne manquerait pas d'amener des effusions auxquelles elle se refusait. Il la regardait de son air d'éternel chien battu, dans l'attente probable de paroles ou des gestes tendres de la part de Mathilde, qui se comporta comme une nonne effarouchée. Pourtant, au moment de son départ, elle lui demanda un baiser. Probablement par bravade, par curiosité, mais aussi parce qu'elle en avait envie. Il exprima confusément qu'il préférait s'abstenir, sans expliquer vraiment ce refus.

Elle en fut tellement blessée qu'elle fit demi-tour et le planta là.

Elle avait toujours été si convaincue que le désir le plus cher de David était ce baiser, qu'en s'apercevant que ce n'était pas le cas, qu'il n'avait probablement jamais été amoureux d'elle, elle en fut mortifiée. La peine se mélangeait à l'orgueil. Lequel de ces deux sentiments était le plus fort ? Elle l'ignorait, mais ce rejet lui était très désagréable.

Quelques jours après, elle fit l'amour avec Alexandre, maladroitement, craintivement, comme on fait l'amour la première fois. Ce ne fut pas la montée au septième ciel qu'elle en attendait. Après, elle pleura… sur la fin de son enfance, probablement.

Quelques semaines plus tard, Alex aborda le sujet du mariage, prétextant qu'il désirait plus que tout vivre avec elle, qu'ainsi ils seraient libres tous les deux de mener leur vie comme ils l'entendaient. Mathilde n'était pas si pressée, mais l'idée de liberté qu'engendrait leur union lui plaisait énormément, elle ne subirait plus les interdictions imbéciles de ses parents. De plus, elle aimait faire l'amour avec Alex, car, si la première fois ne l'avait pas transcendée, elle découvrit au fur et à mesure que cet acte, qu'elle avait refusé pendant des années, était vraiment très agréable. Alex était un amant attentionné, tendre et sensuel. Dans ses bras musclés, contre son corps d'apollon glabre et chaud, elle était dans ce qu'elle imaginait être le jardin d'éden.

David lui écrivait du Sénégal. Ses lettres étaient amusantes et chaleureuses. Il ne parla jamais de ce baiser manqué et Maty fit de même. Leurs correspondances étaient celles de deux amis, émaillées parfois d'ambiguïté amoureuse de la part de David, que Maty ne soulignait jamais dans ses réponses.

Elle ne prenait pas au sérieux ces déclarations galantes, écrites sur le ton de la plaisanterie, comme pour en gommer quelque peu la solennité.

Elle annonça un jour à son ami qu'elle allait se marier dans quelques mois avec Alex. À partir de ce jour, elle ne reçut plus jamais aucun courrier de la part de David. Elle en fut triste, mais les préparatifs de son mariage balayèrent cette affliction.

Le dix janvier mille neuf cent soixante-quinze, le jour de ses vingt ans, elle épousa Alex.

Ce ne fut pas le mariage de ses rêves, si souvent imaginé, assise aux côtés d'un Alex rayonnant, dans une calèche tirée par deux splendides chevaux blancs, marchant majestueusement le long de la plage de Saint-Raphaël. Voulant se débarrasser depuis des années de cette croyance qu'on lui avait inculquée mais à laquelle elle ne croyait plus, elle rejetait l'idée d'une bénédiction religieuse, qu'elle fut pourtant contrainte d'accepter, pour faire plaisir à ses parents et à ceux d'Alexandre, très croyants et très insistants sur ce point. Elle n'aimait que sa robe, en velours blanc, resserrée à la poitrine et s'évasant jusqu'au sol dans un mouvement gracieux. La capuche entourée de cygne vaporeux qui auréolait son visage achevait l'ensemble, confectionné par la mère de son amie Sylvie, qui était couturière. Tant pis, elle ne se mariait pas au bord de la mer, baignée par le soleil, mais par une froide journée de janvier, dans l'église de son village, habillée d'une splendide robe de princesse russe. Malgré ses aspirations déçues de mariage romantique, elle était resplendissante de bonheur et Alexandre, à ses côtés, l'était tout autant. Ils allaient vivre ensemble. Elle l'aimait de tout son cœur, de tout son corps. Il était beau et intelligent, tendre et fort à la fois, il était l'homme de sa vie. Elle ressentait, ce jour-là, un bonheur fabuleux, une immense fierté de sortir de la mairie, accrochée à son bras. Elle était sa femme, la plus heureuse des femmes. La promesse qu'elle venait de faire, de l'aimer toute sa vie, n'était pas, pour elle, un simple engagement, mais un vrai serment.

Ils partirent en voyage de noces, dans la vieille 4l rouge que lui avait offerte sa grand-mère. Direction la Provence, à Saint-Raphaël, la ville qu'elle avait tant aimée durant les quelques années de son enfance, dans laquelle elle aurait tant souhaité se marier. Ce fut un ravissement sans pareil de faire découvrir à Alexandre les endroits où elle avait vécu, où elle avait été heureuse. Les lieux que l'on a connus et aimés sont encore plus beaux quand on les partage avec l'être aimé.

L'hôtel, où ils passèrent leur nuit de noces, était niché dans un écrin de verdure. Ils y furent reçus avec bienveillance, par la patronne, émue par ce jeune couple transfiguré par l'amour.

Ils s'aimaient si fort, se comprenaient à demi-mot, malgré leurs différences : Alexandre fils d'émigrés Portugais, avait connu une enfance faite de privations, dans une famille nombreuse, qui réussissait à peine à se nourrir convenablement, malgré le travail acharné du père, qui décida d'émigrer en France, pour y chercher un travail plus décent et surtout mieux rémunéré. Il le trouva, mais ne put faire venir sa famille que quelques années plus tard. Alex était arrivé en France à l'âge de onze ans. Il connut le déracinement, l'exil. Il fut un étranger dans un pays dont il ne connaissait pas la langue. Il avait été montré du doigt, moqué, martyrisé parfois par les enfants de son âge, qui sont souvent si cruels. Il avait travaillé très jeune, car ses parents n'étaient pas assez fortunés pour lui permettre de poursuivre des études. Tout cela avait forgé son caractère, avait fait de lui un adulte précoce, aussi bien physiquement que mentalement.

Mathilde avait été une enfant gâtée, habituée aux vacances, aux cadeaux. Et même si elle avait manqué de câlins, parce qu'elle en était assoiffée, elle en avait quand même reçu. Elle avait toujours eu une vie confortable au sein de sa famille.

Alexandre avait manqué de tout cela. Pas d'argent pour les vacances ni pour les cadeaux, pas de temps pour les câlins.

Ses parents étaient bien trop occupés à travailler pour essayer de faire vivre dignement leurs nombreux enfants.

Pourtant, la vie à deux était un bonheur de chaque jour, dans la petite maison sans chauffage, qu'ils louaient pour quelques francs. La chaleur de leur amour les réchauffait.

Mathilde avait trouvé un emploi de comptable, dans une entreprise de fruits et légumes quelques mois avant son mariage. Elle aimait beaucoup ce job et cette sensation d'être indépendante financièrement, pour la première fois de sa vie, était valorisante et grisante.

En mille neuf cent soixante-seize, sa grand-mère mourut. Mathilde en éprouva un immense chagrin, un vrai chagrin d'adulte, un déchirement. C'était la première fois de sa vie qu'elle voyait un mort, et c'était sa grand-mère bien-aimée. Elle mit des mois à se remettre de ce deuil, et ressentit pendant des années le manque cruel qu'avait laissé sa grand-mère adorée dans sa vie.

Alexandre fut appelé pour les trois jours afin d'effectuer son service militaire. Ni lui ni Maty ne pouvaient supporter l'idée d'une longue séparation. Il fallait trouver une solution afin d'éviter cela : à cette époque, un soutien de famille était réformé. La condition était d'être père ou père en devenir. Ils décidèrent de concevoir un enfant, ainsi, Alex pourrait rester à ses côtés. Leur souhait se réalisa au bout de quelques mois et Alex ne partit pas.

Mathilde détesta cet état de grossesse. Elle se contemplait devant le miroir, se trouvait grosse et moche. Pourtant, elle eut une grossesse extraordinaire, n'étant jamais malade, prenant peu de poids et se portant comme un charme du début à la fin.

Matthieu, leur fils, naquit par césarienne le vingt-huit février mille neuf cent soixante-dix-huit. Elle ne ressentit pas cet instinct maternel qu'on décrivait dans les livres, elle en fut affligée. Les infirmières l'incitèrent fortement à donner le sein à son fils, argumentant que ce dernier était trop petit, que le lait maternel l'aiderait et le protégerait. Le cerveau et le corps de Maty refusaient de toutes leurs forces cet allaitement, mais elle accepta, mortifiée par ce rejet qu'elle ressentait. Elle était atterrée par ce manque d'élan quasi animal qu'une mère doit ressentir pour son enfant. Était-ce la douleur de la césarienne ? N'était pas encore prête à devenir mère ?

Son hospitalisation dura dix jours, Mathilde dépérissait dans cette chambre d'hôpital. On ne la laissait pas s'occuper de son fils car elle ne devait porter aucun poids, la cicatrice de son ventre était encore trop fragile. Elle ne le prenait contre elle que pour le nourrir, mais ses seins la faisaient atrocement souffrir. Où était le bonheur de l'allaitement ? Elle espérait de tout son cœur qu'une fois revenue chez elle, elle retrouverait sa joie de vivre, que l'amour maternel naîtrait enfin dans son cœur. Il lui fallut apprivoiser ses ressentis, ses peurs, ses colères parfois devant ce petit être qui pleurait sans qu'elle sache pourquoi. Elle décida d'arrêter l'allaitement et tout alla mieux.

Sans cette douleur permanente dans sa poitrine déchiquetée par les engelures, elle se mit à éprouver, petit à petit, un immense amour pour ce petit bébé qui était sorti d'elle, qui était le fruit de l'amour qu'elle avait pour Alex. Son bébé n'occasionnait plus de douleur à son corps, elle prit plaisir à s'occuper de lui. Un nouveau sentiment naquit en elle, la peur de le perdre. Elle surveillait sa respiration, trouvait qu'il faisait des drôles de bruits, qu'il ne pleurait pas assez, ou trop. Elle faisait un énorme « baby blues », mais personne ne lui parla jamais de cet état, si courant pourtant, après un accouchement. Elle ne comprit son mal être que des années plus tard.

Une fêlure apparut dans le bonheur de Maty : Alex ne la secondait pas dans sa tâche de mère. Il fut un père quasi absent durant la première année de la vie de son fils. Il avait rarement des gestes tendres envers lui, ne lui faisait pas de câlins, ou très maladroitement, quand Maty lui mettait Matthieu d'autorité dans les bras. Il était raide comme un piquet, regardant son fils sans lui parler, sans qu'aucune émotion ne transparaisse sur son visage. Maty ne comprenait pas son comportement si peu paternel, devant ce petit être qui gazouillait en le regardant, essayant déjà de capter son attention, de l'émouvoir. Matthieu était le fruit de leur amour, Alex aurait dû s'en montrer fier et heureux, ce n'était pas le cas, elle en était cruellement peinée.

L'année suivante, Alexandre créa sa propre entreprise de maçonnerie. Il travaillait beaucoup, du matin au soir, comme un forçat. Il était très fatigué, mais ne pensait qu'à travailler encore et encore, au grand désespoir de Mathilde, qui ne le voyait presque plus. Elle quitta son travail pour se consacrer à sa famille et pour seconder son mari au sein de l'entreprise. Elle s'occupa de tout le côté administratif et comptable.

Ce fut une période difficile pour eux. Ils n'avaient pas beaucoup d'argent malgré le travail acharné d'Alexandre.

Cette même année, il décida de bâtir leur propre maison. Celle qu'ils occupaient était devenue trop petite pour une famille, elle était trop humide, trop insalubre pour un bébé.

Ils achetèrent un grand terrain et Alex commença les travaux. Entre ses journées d'entrepreneur et la construction de leur maison le soir, après le travail, ils ne faisaient que se croiser.

Alex était très fatigué, mais sa pugnacité l'obligeait à avancer. Leur maison poussait comme un champignon. Maty l'aidait comme elle pouvait, amenant Matthieu au milieu des parpaings, du ciment et de la poussière.

Ils y aménagèrent quelques jours avant Noël. Maty entreprit de décorer un superbe sapin qui égaya la maison, malgré le manque de finitions. L'argent manquait, ils se nourrissaient mal, privilégiant l'achat du nécessaire pour leur fils. Alex travaillait comme un forcené, partant tôt le matin, rentrant tard le soir, si épuisé qu'il ne pensait qu'à dormir dès son repas avalé. Maty passait ses journées seule avec Matthieu, qui devenait son exclusivité. Elle s'ennuyait souvent, alors, elle créa sa propre entreprise de secrétariat et comptabilité et eut bientôt quelques clients fidèles, qui venaient à son domicile lui porter leurs documents. Elle pouvait ainsi travailler chez elle et s'occuper de son fils.

Cet apport d'argent les aida un peu pour leurs besoins quotidiens.

Au bout de trois ans, à force de privations et de travail, tout alla mieux. Ils purent partir en vacances, vacances qui avaient tant manquées à Mathilde, habituée à partir au bord de la mer tous les ans avec ses parents, avant son mariage.

Quatre ans après la naissance de Matthieu, Maty désira un deuxième enfant. Mais Alex n'était pas d'accord. Elle dut faire preuve de beaucoup d'insistance pour qu'il accepte. Elle comprit à ce moment-là qu'il n'avait jamais vraiment aspiré à être père, que seule sa présence lui suffisait, qu'il n'aimait que la femme qu'elle était, pas la mère qu'elle était devenue. Il trouvait que la Maty mère était moins attentionnée envers lui, trop occupée qu'elle était dans son rôle de maman. Ce qui était faux, mais Maty ne réussit jamais à le convaincre du contraire. Malgré tout, elle campa sur ses positions d'être mère à nouveau, et en mille neuf cent quatre-vingt-trois, leur petite fille, Éléonore, vit le jour. Mathilde était au comble de la béatitude. Elle avait tant désiré cette petite fille. Et quand on posa sa fille contre elle, elle ressentit cet instant de pure extase qu'on appelle le bonheur, qui n'est en fait qu'un moment magique, unique et parfait dont on se souvient tout le reste de sa vie, de par sa rareté.

Elle contemplait sa fille, son petit visage rond et rose, ses cheveux bruns et drus, ses yeux noirs qui la regardaient au fond de l'âme. Elle la trouva si belle, si parfaite, que son cœur fondait d'amour.

« Je t'appellerai Léo, tu seras ma Léo adorée, la joie de ma vie, je t'aime si fort, ma chérie ».

Ce surnom lui resta, tout son entourage l'appelait ainsi.

Elle décida de ne pas l'allaiter, elle avait de trop mauvais souvenirs de cette coutume ancestrale, qui lui avait fait rejeter son fils dès les premières heures de sa vie. Malgré les conseils du pédiatre et le sentiment de culpabilité qu'elle ressentait de rejeter cet acte pourtant si naturel, elle s'obstina dans son refus. Elle ne le regretta pas, l'extase instantanée qu'elle éprouva pour Éléonore alla croissant au fil des mois, des années. Elle sentait bien qu'elle était beaucoup plus permissive et attentive envers sa fille, malgré l'amour infini qu'elle avait pourtant pour son fils. Il n'y avait aucune espèce de préférence dans son cœur, elle s'inquiétait toujours beaucoup plus pour son fils, mais cet état de grâce, quand elle prenait sa fille contre elle, était ce qu'elle appelait le Bonheur. Oui, elle était heureuse, ses enfants la comblaient, son rôle de mère l'épanouissait. Pourtant, Alexandre ne l'aidait toujours pas à s'occuper des enfants. Son attitude si peu paternelle du début n'évolua pas vers plus d'attention. Son travail était sa priorité, Maty devait s'occuper de la vie familiale. Elle en était triste, son bonheur n'était pas complet. Elle avait l'impression désagréable d'une famille bancale et elle suppliait souvent Alex d'être plus présent. Il affirmait immanquablement :

« Chacun son rôle, mon père travaillait beaucoup, il n'aidait jamais ma mère pour l'éducation des enfants ».

« De quel rôle parles-tu ? Nous ne sommes plus au moyen âge, de nos jours les hommes participent à cette pédagogie. Tu es vraiment rétrograde ! »

« Je n'ai pas le temps, je travaille comme un fou et toi tu as tout ton temps », répondait-il toujours avec brusquerie.

« Tu ne joues jamais avec les enfants, tu ne prends pas le temps de les écouter ou de t'intéresser à leurs petits soucis. Tu es leur père, ils t'aiment, ils ont besoin de toi. Ils s'en moquent qu'il y ait des rôles définis par des codes imbéciles », ajoutait Maty avec véhémence.

Il secouait la tête avec agacement, grommelait qu'elle n'était jamais satisfaite et la conversation était close.

Son entêtement hérissait Maty. Elle l'excusait pourtant, en affirmant à ses enfants que leur père les aimait, mais qu'il était très fatigué quand il rentrait le soir. Elle sentait bien qu'ils acceptaient mal cette justification, d'autant plus que, passionné de moto depuis toujours, Alex avait commencé à participer à des compétitions de moto-cross. Il préférait consacrer son temps libre à ses hobbys plutôt qu'à ses enfants et ces derniers n'étaient pas dupes.

Tous les week-ends, ils partaient tous les quatre, dans différentes villes qui organisaient des championnats. Maty, tremblante d'angoisse, le regardait enfourcher sa moto, s'élancer sur la piste, au milieu d'une trentaine d'autres participants, dans des volutes de poussière qui masquait tout, l'empêchant d'apercevoir Alex, d'être sûre qu'il avait bien pris son départ, qu'il n'était pas tombé. Cela arriva plusieurs fois, et, à chaque fois, elle avait le souffle coupé dans l'attente qu'il se relève. Un jour, il ne se releva pas, il se cassa la jambe. Il dut supporter un plâtre pendant trois mois, ce qui le rendit insupportable, tant il était impatient qu'on lui retire. Ces longs mois d'immobilité forcée ne l'empêchèrent pas de reprendre ses compétitions dès qu'il fut à nouveau mobile.

Elle vécut ces années dans l'anxiété. Elle n'envisageait pourtant pas de ne pas l'accompagner, c'était la seule façon d'être avec lui les week-ends. Ils ne se voyaient déjà pas beaucoup la semaine, il n'était pas question qu'il en soit de même les fins de semaine.

Mathilde essaya plusieurs fois d'expliquer la peur qu'elle ressentait de le voir ainsi risquer sa vie à chaque compétition, mais Alex lui en voulait de gâcher sa passion avec ses angoisses imbéciles.

Et pourtant… un jour de course, leur fils Matthieu, qui avait dix ans, fut renversé par un motard. Quand elle le vit étendu, comme mort, du sang coulant de sa tête, son cœur s'affola tant qu'elle crut qu'il allait cesser de battre. L'inconscience de son fils ne dura que quelques minutes qui semblèrent une éternité à Mathilde. Quand, enfin, il retrouva ses esprits et qu'il murmura dans un souffle :

« Je ne sens plus mes jambes ». En quelques secondes, elle imagina que son fils puisse rester paralysé, son sang se glaça et la panique l'envahit.

Il fut transporté à l'hôpital où on lui fit de nombreux examens, qui révélèrent un traumatisme crânien. Il resta à l'hôpital quelques jours, mais la peur que Mathilde éprouva ce jour-là resta gravée en elle. Elle décida qu'elle n'accompagnerait plus Alexandre, afin d'éviter que ce genre d'accident traumatisant ne se reproduise. Elle tint parole et il partit désormais seul. Elle resta avec ses enfants, à se morfondre autant que quand elle assistait aux courses, l'angoisse toujours tapie au fond du ventre, attendant avec fébrilité son retour.

Ce fut une longue période de solitude qui dura cinq ans. Elle se sentait abandonnée par son mari qui lui préférait apparemment sa chère moto. L'accident grave qui avait failli coûter la vie à leur fils ne l'avait pas affecté outre mesure.

Elle s'éloignait de lui, petit à petit. Leurs activités réciproques étaient diamétralement opposées. Elle partait de son côté, avec ses enfants et ses amis, lui ne vivait que pour son travail et ses chères compétitions. Les états d'âme chagrins de sa femme n'occasionnaient pas chez lui d'émotion, il en était agacé même. Il l'aimait pourtant, elle le savait, mais elle devait se montrer lisse à tout émoi, ne pas le perturber avec ses troubles et ses doléances, dont il ne savait que faire, parce qu'il était incapable de les gérer.

Mathilde avait de plus en plus la désagréable sensation de n'être qu'un meuble dans cette maison, qu'elle avait tant aimée mais qui, maintenant, laissait indifférente.

Heureusement, elle avait ses amis et était souvent en leur compagnie :

Nathalie, une adolescente de quinze ans, de treize ans sa cadette qu'elle avait prise sous son aile et qui la suivait partout. Au fil des années, elles devinrent les meilleures amies du monde.

Didier ensuite, avec qui elle était très complice. Il était amusant et avait le don de la faire rire. Il jouait divinement de la guitare et Maty l'écoutait, ravie. Il lui apprit les rudiments de l'informatique quand elle décida d'acquérir son premier ordinateur.

Léopold, son ami breton, qu'elle avait connu pendant les vacances d'été, avec qui elle partait faire du ski en compagnie de Matthieu et Éléonore, qui venait souvent leur rendre visite et avec qui elle passait des heures si agréables. Quand il lui avoua son amour, elle le repoussa, malgré l'envie qu'elle avait de céder à ses avances, pour agrémenter sa vie, pour punir Alex. Léopold était gentil, prévenant, amoureux. Pourquoi se montrait-elle si farouche ? Elle le laissa l'embrasser une fois, pour se prouver qu'elle était capable de démolir les barrières imbéciles des tabous de la fidélité, qu'Alex ne méritait déjà plus. Ce baiser fut délicieux, il redonna à Maty le goût du plaisir qu'elle avait un peu perdu depuis quelques années. Cependant, elle ne pouvait concevoir de pousser plus avant cette amorce d'aventure. Malgré la déception de Léopold, elle resta amie avec lui et ne le regretta jamais, tant il fut respectueux de sa décision.

Michelle, dont elle avait fait connaissance quelques années auparavant. Elle habitait à côté de chez les parents de Maty. Tous les matins, en leur rendant visite, Maty voyait passer cette jeune femme handicapée suite à la polio, avec ses deux enfants en bas âge. Un jour, elle la félicita sur sa magnifique famille. Michelle, qui venait de s'installer dans la région, ne connaissait personne. Elle fut heureuse de ces quelques mots échangés avec Maty. Elles devinrent amies. Quelques mois après, Michelle attendait son troisième enfant et demanda à Maty d'être la marraine. Elle accepta avec joie et eut bientôt un petit filleul adorable, Jérémy.

Et Sylvie, l'amie de son adolescence, celle à qui elle pouvait tout dire, qui pouvait tout entendre, Sylvie, sa meilleure amie, sa presque sœur. Sylvie des jours bénis de leur jeunesse, de l'insouciance, mais aussi Sylvie des moments gris, puis noirs. L'amie qui comprenait, qui écoutait, sans juger. L'amie des rires, des larmes, celle du cœur.

Ses deux sœurs aussi, Caroline et Marianne étaient très présentes, et Maty s'entendait divinement bien avec elles.

Elles les aimaient tous beaucoup, parce qu'ils étaient sincères et présents, qu'ils savaient l'écouter sans juger, que leur présence était enrichissante d'émotion, de partage. Alexandre n'était pas ainsi, il ne l'était plus. Il était son mari, pas son ami, et elle le regrettait infiniment.

Le seize janvier mille neuf cent quatre-vingt-douze, à midi, Alexandre rentra à la maison comme tous les jours. Il était d'une pâleur cadavérique.

Devant les questions inquiètes de Mathilde, il répondit qu'il avait eu un malaise dans la matinée, qu'il avait consulté le médecin et que ce dernier lui avait prescrit des médicaments pour l'estomac.

« Ce n'est pas grave, arrête de t'inquiéter, ce n'est juste qu'un "mal au bide" », dit-il d'un ton brusque, pour faire comprendre à sa femme qu'il était agacé de la voir si bêtement inquiète.

Il mangea peu durant le déjeuner, et alla s'allonger sur le canapé. Ce qu'éprouvait Mathilde était au-delà de l'inquiétude, elle avait la certitude qu'il n'avait pas qu'un problème gastrique, que c'était beaucoup plus grave. Elle téléphona au médecin pour lui demander des explications quant au malaise de Alex. Il lui répondit que ce n'était qu'une légère indisposition alimentaire. Malgré ces paroles rassurantes, elle le supplia de passer à la maison, lui avouant qu'elle avait un très mauvais pressentiment. Elle sentait au plus profond d'elle-même que son mari faisait un infarctus. Elle éprouvait, dans toutes les fibres de son corps, une angoisse si désagréablement précise qu'elle était persuadée que la main de la mort était en train de se poser sur Alex.

Quand le médecin fut là, qu'il eut à nouveau examiné Alex, qu'il eut conclu le même diagnostic que dans la matinée, Mathilde, toujours pleine de doutes et de peur, lui colla un annuaire devant les yeux et d'autorité, lui demanda d'appeler un cardiologue, afin qu'elle puisse y conduire son mari. Le médecin sourit d'un air ironique mais devant l'angoisse palpable de Maty, s'exécuta.

Il téléphona lui-même au cardiologue le plus proche de leur domicile et lui expliqua le cas d'Alexandre.

Rendez-vous fut pris dans la demi-heure. Mathilde conduisit elle-même Alex jusqu'au cabinet du spécialiste. Durant le trajet qui sembla durer une éternité, Alexandre devenait de plus en plus blafard. Il souffrait énormément, sans dire un mot, sans une plainte, mais son visage couleur craie était à lui seul un cri de supplice. L'angoisse de Mathilde allait croissante.

À leur arrivée, le praticien ne perdit pas une minute et fit un électrocardiogramme à Alex.

Mathilde comprit aussitôt la gravité de l'état d'Alexandre en scrutant le visage tendu du médecin, au fur et à mesure de l'avancée de l'examen. Ce dernier achevé, il utilisa un défibrillateur. Le visage du médecin était toujours aussi grave. Il expliqua alors qu'il allait faire une injection, que cette pratique se faisait rarement, mais que c'était le seul moyen d'essayer de sauver Alex dont le cœur était très gravement atteint. Il appela ensuite une ambulance, qui arriva très vite.

Alexandre fut conduit à l'hôpital le plus proche où il fut très rapidement pris en charge par une escouade d'infirmières et de médecins spécialisés.

Mathilde attendit hors de la pièce. Deux infirmières en sortirent en discutant « ce pauvre jeune homme ! le médecin ne sait même pas s'il arrivera à le sauver ».

Le sang de Mathilde se glaça…

« Elles parlent de l'éventuelle mort d'Alexandre, de mon Alexandre, c'est impossible ! »

Et pourtant Mathilde savait bien que c'était possible, elle avait compris tout de suite que ce n'était pas qu'un simple embarras gastrique, que c'était grave, très grave. Mais elle ne pouvait aller au-delà de cette gravité, imaginer une issue fatale. Pourtant, l'angoisse envahit tout son corps, devint panique, quand le cardiologue sortit à son tour, lui expliquant que son mari allait être transporté dans un hôpital spécialisé en cardiologie, que son infarctus était grave malgré son jeune âge et qu'il allait être conduit dans un service de soin intensif.

Le cœur de Mathilde battait à se rompre, malgré les paroles rassurantes du cardiologue, qui lui affirmait que Alex serait dans un excellent service et qu'il recevrait les meilleurs soins. L'ambulance arriva et les brancardiers y placèrent Alexandre. Il fut impossible à Mathilde de partir avec lui.

Elle se dirigea vers sa voiture, démarra, conduisant comme un robot. Il fallait qu'elle aille prévenir ses enfants, ses parents, les parents d'Alexandre.

Quand tous furent au courant de l'horrible nouvelle, elle confia ses enfants à sa mère et partit avec son père vers l'hôpital où avait été transporté Alexandre.

Une heure après, ils arrivèrent à destination. Une infirmière les fit entrer dans la chambre où se trouvait son mari.

Mathilde se figea, son cœur s'affola quand elle le vit allongé sur ce lit, des tuyaux enfoncés dans le nez, des seringues plantées dans les veines. Il était d'une pâleur cadavérique. Elle s'approcha et lui caressa la joue. Il avait de la peine à ouvrir les yeux, ses lèvres étaient sèches, il murmura dans un souffle « j'ai mal ».

Les yeux de Mathilde se remplirent de larmes, sa gorge se noua si fort qu'elle avait du mal à déglutir. Son Alexandre adoré, si fort, était comme un chêne abattu. Elle ressentit au fond d'elle-même une telle détresse, en pensant qu'il pourrait ne pas se rétablir, qu'elle crut un instant qu'elle allait en mourir, là, au pied de son lit, pour l'accompagner dans la mort, pour ne pas le laisser seul, pour ne pas vivre sans lui.

Elle déposa un baiser sur sa joue blême, lui murmura des mots doux, comme elle ne lui en avait pas dit depuis longtemps, parce qu'à ce moment précis, elle ressentait pour lui tout cet amour qu'elle avait essayé d'emprisonner en elle, si blessée qu'elle était de son comportement si peu tendre vis-à-vis de leurs enfants.

Mais elle ne pouvait rester plus longtemps à son chevet, le délai imparti pour la visite était terminé. Elle repartit avec son père, le cœur en lambeaux, l'angoisse collée à elle comme une lourde mélasse.

Elle revint tous les jours. L'état de son mari ne s'améliorait pas. Il avait une forte fièvre, que les médicaments n'arrivaient pas à enrayer. L'inquiétude permanente qu'elle essayait de cacher à ses enfants, les visites quotidiennes à l'hôpital, les paroles rassurantes qu'elle prodiguait à Alex, les soirées dans leur maison avec ses enfants, dans l'attente du lendemain qui lui apporterait de mauvaises nouvelles, furent quelques jours de vrai calvaire. Elle n'avait qu'une envie : dormir, ne plus penser, ne plus ressentir cette angoisse permanente.

Mais Matthieu et Léo avaient besoin d'elle, souriante, pour les réconforter. Les enfants sont des éponges, ils ressentent les émotions, même quand on essaie de leur cacher. Elle ne devait pas leur montrer ses peurs, ils étaient encore trop jeunes pour admettre que la mort rôdait autour de leur père.

Son ami Didier vint lui prêter main-forte quelques jours, en s'occupant des enfants lors de ses visites à l'hôpital. Il lui cuisinait de bons plats, pour ouvrir son appétit, car il était inquiet de constater qu'elle ne se nourrissait presque plus. Elle n'oublia jamais ce que Didier fit pour elle durant ces quelques jours.

Au bout d'une semaine, Alexandre commença à se rétablir et il quitta le service des soins intensifs.

Il s'inquiétait beaucoup pour son entreprise. En se requinquant, son esprit était à nouveau tout à son travail.

Le cardiologue lui avait fortement conseillé d'arrêter de fumer, et le manque de tabac commençait à se faire ressentir. Il lui avait également recommandé de cesser les compétitions de moto-cross, trop traumatisantes pour son cœur. Il préconisa un séjour en maison de repos, Alex refusa catégoriquement, malgré les suppliques de Mathilde.

Quelques jours après, il rentra à la maison… Et l'enfer commença…

Pour Alexandre d'abord, qui se sentait faible, sans force, s'épuisant facilement. L'arrêt du tabac était pour lui un calvaire, le rendant tantôt colérique, tantôt angoissé. Il refusait pourtant toute aide médicamenteuse. Il restait toujours aussi buté, même dans la maladie, même en ayant frôlé la mort.

Pour Mathilde aussi, qui ne reconnaissait plus son mari dans cet homme affaibli, amaigri, avec des sautes d'humeur et des crises de panique.

Elle refusait de faire l'amour avec lui. L'angoisse de la mort brutale d'Alex pendant l'acte sexuel devenait obsédante, sclérosant son corps jusqu'à n'avoir plus aucune libido.

Elle inventait tantôt des maux de tête, tantôt des règles douloureuses, car elle n'osait pas expliquer à Alex les vraies raisons de ses refus. Elle craignait que celles-ci le mettent en colère, car il ne voulait surtout pas que quiconque le considère comme une malade. Il vivait très mal le rejet sexuel de sa femme, il n'en comprenait pas la raison et son état mental, au lieu de s'améliorer, devenait de plus en plus irascible.

Ils ne se parlaient presque plus, chacun restant dans son silence, de peur de froisser l'autre.

Les ébats amoureux ne manquaient pas à Mathilde, ses préoccupations étaient plus importantes, son manque de libido était le cadet de ses soucis, l'amenant à penser parfois qu'elle n'était plus amoureuse d'Alexandre, sans pour autant l'affecter. Elle vivait auprès de lui, elle s'occupait de sa maison, elle partait de temps en temps avec ses amis, tout cela ne la comblait pas mais elle s'en satisfaisait. Elle aspirait cependant à un rapprochement avec Alexandre, qui, ne pratiquant plus le moto-cross, pourrait consacrer son temps libre à des activités avec elle.

Ils partirent de temps en temps en voyage, mais Maty n'était plus jamais en osmose avec son mari. Ce manque de communion la rendait malheureuse. Elle essaya de lui en parler, lui expliquant qu'elle ne retrouvait plus en lui l'homme qu'elle aimait, qu'elle avait la sensation de vivre aux côtés d'un étranger. Il ne comprit pas ses explications, les rejeta même, hermétique aux états d'âme négatifs de sa femme, n'ayant jamais admis son insatisfaction, malgré la vie matérielle facile dont elle bénéficiait grâce à lui.

Devant son échec à faire comprendre à Alex sa mélancolie, Maty n'essaya plus que très rarement d'expliquer son insatisfaction. Elle lui avoua pourtant un soir, où il était trop insistant sexuellement, l'angoisse qui la taraudait qu'il ait un infarctus fatal lors de leurs ébats. Comme elle le craignait, il rentra dans une violente colère, hurlant qu'il n'était pas malade, la traitant d'iceberg. Il ne comprenait rien, il n'avait jamais rien compris à ses humeurs chagrines. Elle s'éloignait de lui, jour après jour, sans presque s'en apercevoir, avec dans le cœur une vague tristesse, comme un abandon de ce si grand amour, une usure, un effilochement des sentiments. Alexandre, comme pour se venger de cet éloignement, n'eut plus aucune hygiène, ne se douchant que très rarement, en sachant pertinemment que Maty était très sensible aux mauvaises odeurs. Elle le supplia de faire des efforts, il fit la sourde oreille, comme un gamin récalcitrant.

Elle était si peinée qu'il en soit arrivé là. Il devait être malheureux lui aussi, mais son refus de dialogue était une énigme pour Mathilde. Elle acceptait, parfois, de faire l'amour, mais elle n'en éprouvait aucune satisfaction, bien au contraire. Elle jouait la comédie du plaisir, alors que son corps, incapable de ressentir le moindre frisson, était tendu dans l'attente que ces ébats prennent fin, tant la crainte de la mort soudaine d'Alex tétanisait tout son corps.

La tristesse l'envahissait souvent, elle pleurait quand elle était seule, nostalgique des jours heureux, de leur complicité sexuelle d'avant, quand leurs corps s'unissaient avec sensualité et s'endormaient l'un contre l'autre, comblés et apaisés. Elle savait que, s'ils en étaient arrivés là, c'était en partie de sa faute, qu'elle aurait dû dépasser ses craintes. Elle en était incapable, paralysée par cette obsédante pensée d'un nouvel infarctus, fatal celui-là. Elle désirait de toutes ses forces que son mari comprenne ses réticences, qu'ils en discutent, ne serait-ce que pour aplanir ce problème, le rendre moins préoccupant dans l'esprit de Maty, jusqu'à l'effacer. Mais, comme à son habitude, il refusait tout dialogue à ce sujet, rejetant l'idée que sa femme le considère comme un malade, et son caractère était de plus en plus ombrageux. Il maugréait contre tout et tous. Personne ne trouvait grâce à ses yeux, même pas Matthieu, avec qui il était intransigeant, n'ayant jamais supporté sa timidité et son manque de confiance en lui.

La vérité, c'est qu'il ne connaissait pas son fils, qu'il n'avait jamais fait l'effort d'essayer de le comprendre. Matthieu avait pourtant été un bébé adorable, toujours cramponné à son père qui le tolérait plus qu'il n'en tirait plaisir. L'enfant timide, affublé d'un strabisme, opéré et corrigé, préférait rester tout seul plutôt que de jouer avec d'autres enfants qui pouvaient le martyriser. Il était devenu un adolescent introverti, avec un léger sur- poids, qui le complexait énormément, ne l'aidant pas à s'assumer face à l'adversité. Ses amis étaient peu nombreux et triés sur le volet. Matthieu paraissait calme et même placide, il n'était que craintif.

Au lieu de valoriser son fils, afin que celui-ci devienne un jeune homme sûr de lui, Alex le critiquait constamment, ne faisant que l'enfoncer avec des remarques très dures parfois, à la limite de la méchanceté, pour affirmer qu'il ne supportait pas son caractère effacé, son manque d'ambition et sa timidité. Alex n'avait d'admiration que pour les gens combatifs comme lui, tous les autres n'étaient que des inutiles. Tous les autres ? Comment pouvait-il comparer son fils aux autres ?

Matthieu souffrait de ce mépris, et toutes les conversations que Maty essaya d'avoir avec Alexandre à ce sujet ne servirent à rien. Elle s'efforçait pourtant si souvent de lui faire comprendre qu'il devait complimenter son fils, l'aider à devenir un adulte épanoui.

« C'est en le valorisant que nous réussirons à en faire un homme sûr de lui. Je n'y arriverai pas si tu le rabaisses continuellement. Il a besoin de toi, il t'admire et attend tes encouragements, tes éloges », expliquait Maty avec fougue.

« On ne m'a jamais ni encouragé ni complimenté, j'ai eu assez de force pour y arriver tout seul », répliquait-il avec virulence.

Il refusait d'admettre que son fils ne fut pas riche de sa force de caractère, et ne changea pas de comportement vis-à-vis de lui. Matthieu se révélait de moins en moins sûr de lui et cultivait ce complexe d'infériorité comme une lèpre.

Léo, quant à elle, avait été une petite fille extravertie, puis une adolescente paraissant gaie et légère. Elle était pourtant en constante rébellion contre son père. Elle tentait, par tous les moyens, de le rendre fier d'elle et, voyant qu'elle échouait, le provoquait, en s'habillant de façon outrancière, se maquillant lourdement, se teignant les cheveux en rose, se faisant tatouer. C'était sa façon de dire à son père : « regarde-moi, conseille-moi, intéresse-toi à moi ». Mais Alexandre n'avait aucune notion de psychologie, il continuait à critiquer systématiquement, au lieu d'expliquer, ayant parfois des mots très durs envers Léo, qui, contrairement à son frère, qui rentrait la tête dans les épaules, s'affirmait en jouant tantôt les excentriques et les révoltées, tantôt la petite fille câline, en faisant des tresses dans les cheveux de son père, qui se laissait faire, sans manifester ni son plaisir ni son agacement. Éléonore voulait provoquer l'émotion chez son père, la voir sur son visage. Elle guettait son approbation, sa satisfaction. Elle n'y lisait, hélas, souvent, que de la désapprobation. Mais jamais elle n'abdiquait.

Ce fut une période difficile pour Mathilde, qui, ballottée entre son amour pour ses enfants et celui pour son mari malgré, sa dureté, ne faisait que jongler des uns à l'autre pour éviter les conflits permanents, sans pour autant y arriver, ce qui la plongeait de plus en plus dans le désarroi. Ses enfants, tenaillés par l'envie permanente d'attirer l'attention de leur père, oubliaient souvent que Maty aurait souhaité un peu plus de bienveillance de leur part, des compliments, des mots d'amour. Elle pensait souvent, fataliste :

« Je les aime, je suis fière d'eux, ils le savent, c'est acquis. C'est à l'admiration de leur père à laquelle ils aspirent, ils font des efforts pour cela, c'est beaucoup plus important à leurs yeux. Je ne suis là que pour les choyer, pourquoi leur manque de considération me chagrine autant ? »

Elle s'obligeait à ne pas en être peinée, sachant que ses enfants l'aimaient, mais en voyant l'acharnement qu'ils mettaient à plaire à leur père et pas à elle l'affectait énormément.

Peut-être aurait-elle dû quitter Alex, pour protéger ses enfants de son comportement néfaste envers eux. Elle y songeait parfois, fugacement, mais aussitôt une angoisse abominable lui broyait le cœur à la pensée de vivre sans lui. Alors, elle s'obligeait à espérer que son comportement change, qu'il prenne conscience de la souffrance mentale de ses enfants. Cette obligation d'espoir qu'elle s'infligeait devenait réelle et l'espoir gagnait. Elle oubliait qu'elle aurait certainement dû se séparer de lui. Qui sait, peut-être un jour, ses enfants lui reprocheraient de n'avoir pas su les protéger de l'indifférence de leur père et de n'avoir pas su faire d'eux des adultes épanouis. Mais Maty était incapable de prendre la décision de quitter son mari. Elle était lâche et elle le savait. Sa seule consolation était cet espoir insensé qu'elle gardait en elle d'une prise de conscience d'Alex.

Cependant, durant cette période de sa vie, elle était malheureuse, mais jamais personne ne le sut.

Éléonore quitta la maison pour étudier dans une école de stylisme, à Toulouse et devint pensionnaire. À la fin de ses études, elle partit vivre à Paris. Elle revenait de temps en temps à la maison, mais ses absences étaient insupportables à Maty.

Matthieu avait fait des études de géomètre, mais n'avait pas réussi ses examens. Mathilde prit la décision de lui faire arrêter ses études, de devancer l'appel sous les drapeaux et d'envoyer son fils faire son service militaire. Maty souhaitait fortement que ce séjour loin de la maison et des brimades de son père, aide son fils à se sentir plus sûr de lui. Elle espérait de tout son cœur qu'il trouve un travail qui l'épanouisse, qu'il construise une famille qui fasse de lui un adulte accompli. Elle voulait tant qu'il soit un homme rayonnant. Il le méritait tellement, c'était une bonne personne, gentille et bienveillante.

Matthieu partit donc pendant dix mois. À chacun de ses retours à la maison, elle trouvait qu'il était épanoui, que ses semaines, ses mois, loin des siens faisaient de lui un jeune homme beaucoup plus sûr de lui. Elle en était heureuse et se plaisait à imaginer que la vie de son fils en serait plus belle et plus riche.

Pourtant, quand les dix mois se terminèrent et qu'il regagna son foyer, Alex lui proposa, en attendant de trouver un travail, de l'embaucher dans son entreprise. Matthieu accepta, malgré les mises en garde de Maty, qui craignait qu'Alex se montre encore plus dur envers celui qui deviendrait son ouvrier. C'est hélas ce qui se passa. Alex n'admettait aucune erreur de la part de Matthieu, qui rassurait sa mère en affirmant qu'il allait chercher un autre travail, dans quelque temps. Il ne le fit jamais et resta ouvrier dans l'entreprise de son père. Les engueulades éclataient souvent entre le père et le fils, ce dernier, qui vivait encore au domicile familial, faisait le dos rond en attendant que l'orage passe. Maty était horrifiée par les disputes permanentes qui explosaient entre eux, faisant des repas quotidiens un vrai enfer. Elle s'interposait souvent, essayant de défendre son fils, s'attirant les foudres de son mari. Elle était démunie, désespérée et si seule.

Alexandre avait trouvé un autre passe-temps : la pêche. Mais bien vite, la pêche tranquille au bord d'une rivière ne lui suffit plus, il partait pêcher en montagne, ou au Sénégal. Mathilde restait à nouveau seule. Ses espoirs de complicité avec son mari s'éloignaient un peu plus chaque jour.

Elle se sentait triste, mal aimée, malgré la présence de ses amis, qui ne remplaçaient pourtant pas l'attention et l'écoute d'un mari qu'elle aimait encore, malgré les doutes, la colère qui la rongeait.

De loin en loin, elle continuait d'essayer de dialoguer avec lui, mais il restait toujours aussi fermé à ces discussions qu'il jugeait vaines, répétant qu'il avait failli mourir, qu'il voulait maintenant vivre sans perdre une seconde, grondant après ses jérémiades sans fondement.

« Tu n'as qu'à venir avec moi, qui m'aime me suive », lançait-il d'un air ironique.

Elle le traitait d'égoïste, en lui rappelant qu'elle l'avait accompagnée pendant des années au moto-cross, ce qu'il n'avait pas fait quand elle allait au sport d'hiver, à Disney land ou au Futuroscope, que jamais il n'avait fait l'effort de participer à leur après-midi sur la plage, quand ils se retrouvaient en famille au bord de la mer, qu'il préférait aller taquiner le poisson au port.

Tous les griefs qu'avait accumulés Maty fusaient. Alex lui rétorquait qu'elle n'était jamais contente, malgré « sa vie de princesse ». C'était sa phrase favorite. Quand il la lançait, d'un air dédaigneux, il voulait obliger sa femme à prendre conscience de sa chance d'avoir une telle existence.

Maty l'admettait. Elle n'avait, en effet, aucun problème matériel, ses enfants étaient en bonne santé, elle était libre de son temps, puisqu'elle travaillait chez elle.

Malgré tout, cette réalité feutrée, protégée, mais vide de véritable complicité avec son mari, ne la rendait pas heureuse. Alex l'aimait, de cela elle était sûre. Mais cette certitude ne la satisfaisait pas, puisqu'il se montrait si dur envers leurs enfants. Son existence était terne, sans aucune saveur. Maty s'étiolait, la lassitude la gagnait.

Les travaux ménagers n'avaient jamais été son dada. Elle s'efforçait de les faire, afin de rendre la maison agréable pour sa famille. Mais elle n'aimait vraiment pas cela. Par contre, elle adorait cuisiner de bons petits plats, car Alex était un fin gourmet. Mais au fils, des mois, des années, après le départ des enfants, l'envie de faire plaisir à un homme, avec qui elle vivait comme avec un étranger, la quitta. Elle continuait à lui concocter de succulents repas, mais elle n'entretenait pratiquement plus la maison. Petit à petit, elle se dégradait. Alexandre le lui reprochait souvent, mais elle s'en moquait. La révolte montait en elle, bouillonnait, explosait. Elle répétait, comme une invocation, qu'elle allait avoir cinquante ans, qu'elle avait décidé de faire ce qu'elle voulait, ce qui agaçait prodigieusement Alexandre. Les disputes étaient pratiquement quotidiennes, les reproches de son mari devenaient plus virulents, mais, contrairement au passé, Mathilde s'en moquait, elle s'en délectait même, comme une adolescente qui contre systématiquement ses parents en hurlant « je suis là, j'existe, je suis grande maintenant, foutez-moi la paix ».

Elle voulait se sentir libre de faire ce dont elle avait envie, quand elle en avait envie, sans le regard critique de son époux fixé sur elle, sans ses remarques désobligeantes, qui l'avaient si souvent blessée et rabaissée.

« Je travaille comme un forcené et toi tu ne fais rien ».

Comment pouvait-il être aussi cruel, alors qu'elle l'avait secondé toutes ces années, qu'elle n'avait jamais flanché, ni devant son égoïsme, ni face à sa maladie, ni vis-à-vis de ses critiques et ses colères souvent injustifiées contre leurs enfants ?

Elle s'ennuyait, elle traînait son malaise comme un lourd ruban de glu, passant des heures sur son minitel à jouer à des yeux idiots, jetant l'argent durement gagné par Alexandre par les fenêtres, éprouvant presque de la jouissance devant ses colères. Pourquoi essayer de faire des efforts pour un homme qui n'en faisait pas lui-même, qui exigeait au lieu de demander gentiment ?

Ils vivaient côte à côte, chacun dans son monde. Mathilde se sentait incomprise et délaissée, Alexandre ne comprenait pas son mal être, persuadé qu'elle avait tout pour être heureuse : de l'argent autant qu'elle en voulait et une liberté enviable. Il ne voyait pas qu'elle s'éteignait de jour en jour, essayant de vivre en faisant semblant d'être gaie et primesautière, cachant sa tristesse derrière des rires exagérés, son apparente décontraction et surtout son insoumission qu'elle cultivait avec délice.

Elle agissait avec Alex comme elle le faisait, bien des années auparavant, avec ses parents. Parce qu'elle ne se sentait pas comprise, elle se comportait comme une enfant capricieuse.

Elle savait qu'elle n'obtiendrait rien de bon à agir ainsi, mais sa révolte contre Alexandre grandissait. Elle décida pourtant, un matin, de faire un grand ménage dans la maison, comme pour exorciser toutes les ondes négatives qu'elle y ressentait, l'empêchant d'être plus épanouie. Elle aspira, épousseta, frotta, à genoux sur le carrelage mouillé de la cuisine quand, soudain elle ressentit une douleur intense dans la jambe, une décharge électrique qui la projeta quelques mètres plus loin, contre le réfrigérateur. Son cœur se mit à battre très fort. Elle alla s'étendre sur le canapé, attendant que les battements de son cœur se calment. Elle ne put s'empêcher de rire en pensant « Je ne suis décidément pas douée pour le ménage, ça m'apprendra à faire du zèle ».

« Voilà, dit Michka. Une partie de la vie de Mathilde qui explique sa tristesse. Elle avait quarante-neuf ans et se sentait inutile et désœuvrée. Elle se voyait vieillir, auprès d'un mari qui ne lui montrait plus d'attention, autrement que pour la critiquer, ou lui offrir des cadeaux luxueux. Pour se faire pardonner sa façon d'être ? Pour qu'elle prenne conscience qu'elle était gâtée ? Pour étaler sa réussite et se prouver qu'il pouvait offrir à sa femme des bijoux magnifiques, de belles voitures, un cheval ? Maty l'ignorait, mais elle n'avait jamais exigé ni même demandé de tels cadeaux. »

Elle avait aimé un Alexandre sensible, compréhensif. Elle avait épousé cet homme tendre, courageux, avec juste ce qu'il fallait d'ambition pour le rendre émouvant, et elle se retrouvait vingt-huit ans après flanquée d'un mari râleur, intransigeant et égocentrique.

Elle était nostalgique du jeune homme qu'elle avait aimé, celui qui, lors d'une dispute qui les avait opposés quand ils étaient adolescents, n'avait pas hésité à plonger dans une rivière en crue, pour récupérer sa gourmette, que Maty portait autour du poignet, en gage d'amour.

Elle l'avait jetée, d'un geste théâtral, dans les eaux déchaînées. Elle avait aussitôt regretté ce mouvement de colère, pleurant qu'elle voulait la récupérer. Aussitôt Alex avait plongé dans les eaux bouillonnantes, au risque de se noyer et, ruisselant, était ressorti de l'eau, brandissant triomphalement le bracelet, heureux de voir à nouveau le sourire sur le visage de Maty. Elle avait été si admirative devant cet acte de courage. Il l'avait renouvelé, lors de leur premier voyage au Portugal. Tandis qu'ils se baladaient à moto dans la campagne, ils avaient soudain aperçu, dans le bois environnant, un feu de forêt. Alex arrêta immédiatement le véhicule. Ils s'approchèrent et constatèrent que quelques paysans du coin essayaient d'éteindre les flammes qui embrasaient une forêt d'eucalyptus et qui menaçaient des habitations environnantes. Alex se joignit à eux, tapant avec des branchages sur les flammes, mettant sa vie en danger. Ils y mettaient tout leur cœur et Alex faisait de même, si bien qu'après des heures de combat contre le feu, ils le maîtrisèrent enfin. Maty avait eu très peur, mais elle était si fière de son héros, qui, en plus, se montrait si modeste. Sa mémoire olfactive sentait encore la rose rouge qu'il lui offrait, chaque mois, pendant deux ans, pour lui prouver son amour. Elle revoyait l'énorme poisson en chocolat qu'il avait acheté un jour de Pâques et qu'il avait ramené fièrement à la maison.

« Tu es fou, cela doit coûter une fortune », avait dit Maty.

« Ce n'est pas grave, je voulais te faire plaisir ».

Tous ces doux souvenirs faisaient partie d'un passé révolu, et le présent n'était pas glorieux.

« Puis internet entra dans sa vie », dit Marin, le mignon nounours habillé en blanc rayé de bleu.

« elle se connectait souvent pour papoter avec ses amis ou ses sœurs ».

« Elle passait des heures devant son ordinateur » dit Michka « ce nouveau jouet lui plaisait beaucoup ».

« Elle semblait si heureuse », ajouta Didi, l'ours marron avec son écharpe beige, offert par son ami Didier.

« Elle m'a confié un petit secret », répondit Michka, le confident de toujours. Le vingt mars deux mille quatre, elle a retrouvé David sur internet. Quel drôle de signe du destin que cette date du vingt mars ! Elle a rencontré Alexandre un vingt mars et à cette même date, elle a retrouvé David. Lors d'une connexion sur internet, une publicité lui vanta les bienfaits d'un site de retrouvailles avec d'anciens collégiens et lycéens. Elle se rendit sur ce site, par curiosité, espérant également y retrouver quelques anciens camarades. Dans le premier collège, elle n'en trouva aucun, dans le deuxième, deux ou trois noms qui étaient de vagues connaissances, mais qui n'avaient plus aucun intérêt pour elle. Dans le troisième lycée qu'elle visita, le nom de David était inscrit. Le cœur de Maty s'accéléra, autant d'étonnement que de joie.

Elle décida d'écrire un message tout simple à son attention. Elle attendit fébrilement la réponse, qui fut longue à arriver, tellement longue qu'elle pensa que David l'avait oublié. Mais au bout de trois semaines, le vingt mars deux mille quatre précisément, elle put lire :

« Quand j'ai lu ton message, j'ai ressenti un bonheur comme je n'en avais jamais éprouvé de ma vie, je suis vraiment sur un petit nuage… »

Elle sourit en le lisant, pensa avec ironie qu'il était devenu bien sûr de lui, en comparaison de la timidité dont il était affublé durant son adolescence. Elle lui répondit donc qu'il exagérait sûrement beaucoup mais qu'elle était quand même très heureuse de l'avoir retrouvé. Il lui répondit avec empressement :

« Je n'exagère pas du tout, c'est le plus beau jour de ma vie. Je ne t'ai jamais oublié, tu sais, j'ai même cherché à te recontacter durant ces trente dernières années. J'ai téléphoné chez tes parents, mais ta mère a refusé de me donner tes coordonnées. Je ne connaissais pas ton nom d'épouse, et toutes les recherches que j'ai effectuées ont échoué ».

« Pourquoi as-tu mis autant de temps pour répondre à mon message », demanda Maty, encore soupçonneuse quant à la bonne foi de David.

« J'étais parti en vacances au Maroc, ce n'est qu'à mon retour que j'ai trouvé ton message. Quand je l'ai lu, mon cœur a explosé de joie, je n'avais jamais ressenti cela. »

Ses paroles un peu excessives amusaient Maty, mais elle devait reconnaître qu'il avait l'air excité comme un enfant le matin de Noël et sa joie était si communicative que Maty oubliait son ironie et se sentait euphorique.

Leur rendez-vous sur internet devint quotidien. Ils se racontaient leur vie respective, riant des anecdotes de leur jeunesse. Mathilde lui posa la question qui l'avait hantée pendant des années :

« Pourquoi as-tu refusé de m'embrasser lors de notre dernière entrevue ? »

« Je me suis interdit ce baiser, dont tu voulais me faire l'aumône, avant de me dire adieu. Je refusais de souffrir en gardant en mémoire ce baiser qui serait le premier mais surtout le dernier. J'ai regretté longtemps, mais j'étais trop malheureux de te quitter en pensant que tu éprouvais de la pitié envers moi, que tu voulais m'offrir un prix de consolation. J'ai su que j'avais raison quand tu m'as écrit, au Sénégal, pour m'annoncer ton mariage. Ce jour-là, j'étais si malheureux que j'ai déchiré toutes tes lettres et que j'ai jeté les morceaux à la mer. Après, j'ai bu jusqu'à ce que je sois tellement saoul que j'ai gravé un M sur mon avant-bras, au cuter. »

« Tu es complètement fou, s'écria Maty, tu as dû avoir très mal ! »

« L'alcool est un puissant anesthésiant », répondit-il en riant.

Les paroles de David l'émerveillèrent, à la fois de joie de savoir qu'il l'avait vraiment aimé, et de fierté d'avoir été si profondément adorée et jamais oubliée.

Plus tard, ils purent se voir par caméra interposée. Elle trouva qu'il avait beaucoup changé, et ce nouveau physique d'homme mûr, qui la désarçonna d'abord, ne lui déplut pas, malgré son ventre rebondi, sa barbe blanche et sa calvitie naissance.

« Elle ne l'a absolument pas reconnu », sourit Beige, l'ours au regard malicieux.

« Elle avait quitté un jeune homme mince, avec des cheveux longs. Elle retrouvait un homme mûr, gros et presque chauve. Le changement était assez brutal », s'amusa René.

« Cette métamorphose n'était pas à l'avantage de David, c'est vrai, mais elle ne rebuta pas Maty. Il était toujours le David de sa jeunesse, celui avec lequel elle s'était sentie si sereine, qu'importait son physique ! » temporisa Michka.

Très vite, elle comprit que David était toujours amoureux d'elle, ou que l'amour renaissait dans son cœur. Bien qu'elle-même n'éprouva pas ce même sentiment à son égard, elle en ressentit une joie immense, se sentant à nouveau aimée et désirée.

« Ils passaient des heures au téléphone à se raconter leur vie respective, continua Michka. David habite Paris, il est marié depuis vingt-cinq ans. Il a un grand fils, Luc et dit n'être pas heureux avec sa femme Alice depuis bien des années déjà ».

Leur conversation coulait comme s'ils s'étaient quittés la veille et leur complicité d'antan était intacte.

« Que s'est-il passé après ces retrouvailles ? » demanda Arthy, le petit nouveau.

« Leurs échanges téléphoniques se poursuivirent, devinrent journaliers, et insidieusement, un sentiment plus fort que l'amitié naquit dans le cœur de Mathilde. Elle éprouvait tellement de bien être avec lui, comme au temps de leur adolescence. Il la comprenait si bien, elle se sentait si importante. Cela faisait si longtemps qu'elle ne s'est pas sentie aimée de cette façon, aussi passionnément. Alexandre ne savait pas montrer ses sentiments, ni l'écouter, ni comprendre ses soucis ou ses petites peines. Il estimait que ce n'était pas important, qu'elle avait tout ce qui pouvait faire le bonheur d'une épouse, et ne concevait pas qu'elle se plaigne.

Mathilde savait qu'il avait raison, qu'il n'y avait pas vraiment matière à larmoyer sur ses états d'âme dérisoires. Elle ne récriminait donc plus, ou très rarement, en gardant sa rancœur au fond d'elle-même, comme une bile aigre qui l'empoisonnait lentement. L'arrivée de David la soulageait de ce fardeau qui pesait de plus en plus lourd dans son cœur insatisfait ».

« Mais ces conversations virtuelles ne les satisfaisaient plus », dit Sisi, la mignonne oursonne couleur lilas, que lui avait offert son amie Sylvie.

« C'est vrai, acquiesça Michka. Alors, le quatorze avril, Mathilde prit le train pour accompagner sa fille qui, dans le cadre de ses études de styliste, se devait de faire un stage de deux mois à Paris. Le but de ce voyage était de trouver un foyer qui hébergerait Léo durant cette formation. Elle donna rendez-vous à David le matin, à l'hôtel qui les logeait, sa fille et elle-même, pendant les deux jours de leur séjour dans la capitale. »

« Elle avait l'air si heureuse de ces futures retrouvailles », dit Bobby l'ours blanc.

« Elle était ravie, surexcitée. Ils s'étaient tellement rapprochés durant ces derniers mois qu'elle avait hâte de le revoir, tout en éprouvant tout de même de l'inquiétude quant à cette rencontre, se demandant comment elle allait se dérouler, après tant d'années », répondit Michka.

« Alors, que s'est-il passé ? » demanda Barth, l'ours anglais.

Quand David arriva à l'hôtel, Mathilde lui sauta dans les bras. Jamais elle n'avait eu une réaction aussi spontanée vis-à-vis de quiconque, mais, en cet instant, elle était envahie d'une joie immense, débordante et son élan fut instinctif, le geste d'une petite fille heureuse de retrouver un être aimé. David, agréablement étonné de cette spontanéité à laquelle il ne s'attendait pas du tout, se rappelant la Mathilde un peu froide et guindée qu'elle était vis-à-vis de lui pendant les années de leur adolescence, ouvrit grand les bras pour la recevoir contre lui. La glace fut rompue aussitôt.

Maty le présenta à sa fille. Ils s'installèrent devant un café et discutèrent longuement, se remémorant avec émotion leurs souvenirs d'adolescents, les faisant partager à Léo. Au bout de quelques heures, cette dernière partit rejoindre une amie et ils restèrent tous les deux. Au bout d'une heure, ils quittèrent le bar et déambulèrent dans les rues de Paris, continuant de papoter. Ils arrivèrent dans un petit jardin public, rempli de moineaux qui picoraient et pépiaient, et s'assirent sur un banc. Mathilde ne sut jamais comment elle décida tout à coup de poser sa tête sur l'épaule de David. Elle se sentait si bien, en confiance, en sécurité. Il baissa la tête vers elle et leurs lèvres se joignirent, pour la première fois de leur vie. Leur baiser fut tendre et langoureux, les laissant tous les deux surpris et rayonnants. Un vent de liberté soufflait dans la tête de Maty. C'était grisant. Elle était comme une adolescente lors de son premier flirt, retrouvant ce goût de jeunesse qu'elle avait oublié.

Elle ne ressentait aucun remords vis-à-vis d'Alexandre, au contraire, elle savourait cet instant magique teinté de vengeance.

C'était sa revanche sur toutes ces années de solitude et d'abandon moral qu'elle avait vécue.

Après leur baiser, ils ne surent plus quoi se dire, se sentant gênés. Ils se levèrent et reprirent leur promenade. Ce silence entre eux était apaisant, chacun flottait dans sa bulle. David, pourtant timide, rompit soudain ce doux moment de paix.

« Serais-tu d'accord si nous allions dans ta chambre d'hôtel ? »

Elle refusa, lui expliquant qu'il était encore trop tôt pour que cette relation naissante aille plus loin. Elle vit la déception sur le visage de David, mais il ne dit rien.

Ce baiser avait été comme un raz de marée dans la tête de Mathilde, elle ne voulait pas faire l'amour avec David aussitôt après. Elle n'était pas prête pour franchir le pas vers l'adultère, elle avait besoin de temps pour apprendre à connaître mieux celui qui allait probablement devenir son amant, pour se sentir encore plus en confiance avec lui.

Le soir même, elle alla au restaurant avec sa fille. Maty sentit son téléphone portable vibrer dans sa poche. Elle le prit, et lut le SMS qu'elle venait de recevoir.

« Cette journée en ta compagnie a été une des plus heureuses de ma vie, je t'aime, je t'ai toujours aimé et je veux vivre avec toi ».

Maty en fût estomaqué. David devenait fou et l'espace d'une seconde, elle prit peur. Mais la seconde d'après la joie l'envahit. Elle aussi devenait folle. Elle lui répondit pourtant en essayant de temporiser la fougue de David.

Elle rentra chez elle, laissant Léo et David à Paris. Elle reprit sa vie de tous les jours, mais tout était différent. L'air qu'elle respirait était pur, tout ce qu'elle voyait lui semblait beau et, petit à petit, elle se prit à comparer son mari à David. Cette comparaison n'était pas à l'avantage d'Alexandre, toujours égal à lui-même, toujours aussi égocentrique, toujours aussi râleur et critique. Elle s'en moquait maintenant, elle n'était plus affectée par le comportement négatif de son mari.

Les mois passèrent. Les échanges téléphoniques entre elle et David devinrent si nombreux qu'ils envahissaient ses journées, ne lui laissant pratiquement plus de place pour d'autres activités.

Il se montrait de plus en plus amoureux, envisageant de se séparer de sa femme, afin d'être plus libre de discuter avec Maty, de lui envoyer des mails, sans la surveillance constante de son épouse, qui avait senti un changement notoire dans l'attitude de son mari, s'en inquiétait et devenait suspicieuse.

Mathilde n'était pas certaine que le sentiment tendre qu'elle éprouvait pour David était vraiment de l'amour ou si seul son amour propre était flatté par l'adoration dont elle était l'objet. Elle était si sereine quand elle conversait avec lui, il savait l'écouter comme jamais Alexandre ne l'avait écouté, lui donnant la sensation d'être unique. Malgré tout, elle était incapable de définir ses véritables sentiments, se laissant porter, par cette vague légère, qui l'entraînerait où elle voudrait. C'était si agréable de ne plus se poser de questions, de se laisser aimer, de s'épancher dans une oreille bienveillante, de se sentir belle et désirée.

Elle décida un soir, après une énième dispute avec Alex, de ne plus faire l'amour avec lui. Pour le punir ? pour le tester ? pour qu'il change de comportement ? Elle voulait savoir si, par amour pour elle il était capable d'évoluer vers plus d'écoute, de compréhension. Elle espérait tant retrouver son Alex du début de leur amour, celui qui était si tendre, si beau, si propre. Elle ne supportait plus celui qu'il était devenu, cet homme toujours en colère, intolérant, qui se laissait aller dans sa façon de s'habiller, de se laver, qui ne savait plus lu faire plaisir simplement, ni en la complimentant, ni en l'encourageant.

« Cela fait si longtemps qu'il ne lui pas dit qu'il l'aimait, ou qu'il la trouvait jolie », dit Jonas, appelé ainsi à cause de son pelage jaune.

« Elle aspirait si fort à ses compliments pourtant. Elle voulait se trouver belle dans les yeux d'Alex, elle n'y voyait qu'une épouse banale et agaçante », accentua Gus, l'ourson au museau triste.

Une fois de plus, elle fut déçue, rien ne changea, bien au contraire. Son refus de relations sexuelles frustrait Alexandre dans son machisme, l'aigrissait, mais il ne fit pas pour autant d'efforts pour plaire à sa femme. Il n'essaya pas de la reconquérir, de changer son comportement, toujours railleur et dénigreur. Tout ce qu'un mari amoureux pouvait entreprendre pour une reconquête, tout ce que Maty souhaitait, jamais il ne le tenta et leur couple partait de plus en plus à la dérive.

Cette période dura deux ans, pendant laquelle elle se rendit à Paris par trois fois. À chaque fois, elle avait rendez-vous avec David, sans que jamais il ne se passe autre chose que l'échange de baisers, de plus en plus enflammés.

« Elle avait le comportement d'une adolescente », plaisanta René.

Elle agissait comme telle en tout cas. David était à ses pieds et cela lui suffisait pour se sentir comblée. Elle n'était pas prête à être complètement infidèle à Alex, elle craignait de détruire ce qui restait d'amour pour lui, comme si le fait d'être adultère allait faire d'elle une femme banale, capable de dépersonnaliser, puis d'ensevelir leur couple, qu'elle avait si longtemps idéalisé, telle l'adolescente sentimentale qui sommeillait encore en elle, celle qui s'était juré que son union avec Alex serait parfaite, exceptionnelle, comme celle de ses parents, dans l'amour, le respect et la fidélité éternelle.

C'était comme une attente, l'espoir d'un changement dans sa vie de couple. Aucun remord ne venait perturbait son esprit, elle n'avait pas eu de rapports sexuels avec David. Ses baisers fougueux, ses délicieuses caresses, ses mots d'amour lui donnaient l'impression de rejouer son adolescence, comme elle l'avait fait avec Alex, sans pour autant perturber sa conscience. Elle n'envisageait pas un instant de le quitter pourtant, sa vie, telle qu'elle était devenue, lui plaisait.

Alex se doutait pourtant de quelque chose, sa femme changeait, il s'en inquiétait et, malgré son orgueil, il lui avoua un soir qu'il avait des soupçons quant à sa fidélité. Elle fut estomaquée, tant elle était persuadée qu'il ne s'intéressait plus à elle. Elle lui raconta donc, avec un plaisir revanchard, qu'elle avait retrouvé David, qu'elle l'avait rencontré lors de ses voyages à Paris et que son amour pour elle était aussi grand que du temps du Lycée.

Alexandre avait été très jaloux de David pendant leur adolescence. Cette jalousie resurgissait, elle le voyait sur son visage tendu. Cette constatation la remplissait de joie et de colère mélangée.

« Il n'est donc pas aussi indifférent que cela », pensa-t-elle avec une satisfaction vengeresse.

Alors, quand Alexandre lui demanda :

« Et toi, es-tu amoureuse de lui ? »

Elle lui répondit, le menton levé, le regard fier :

« Je crois »…

Le visage de son mari pâlit et, durant quelques secondes, elle eut l'espoir insensé qu'il la prenne dans ses bras, lui dise qu'il l'aimait, qu'il était malheureux, qu'il ne voulait pas la perdre, qu'il était désolé d'avoir eu un tel comportement pendant des années, qu'il allait changer. À cet instant, le corps tétanisé de Maty était suspendu aux lèvres serrées de son mari, à son visage affecté. L'instant était crucial pour elle, tout le reste de sa vie dépendait de la réaction d'Alexandre.

« C'est ton choix », répondit-il, le visage dur.

Mathilde fut abasourdie par une telle sécheresse de ton, une telle froideur ! était-ce par orgueil ? Par pudeur ? Un trop-plein de chagrin qu'il ne voulait surtout pas exposer devant le visage fier de sa femme ? Elle ne savait plus quoi penser, mais était si cruellement blessée qu'elle n'eut aucune réaction quand il se mit à pleurer, soupçonnant des larmes de colère, d'orgueil blessé. Ses suspicions se confirmèrent quand, d'un air déterminé et sec, il lui dit :

« Je ne pleurerai plus jamais, fais ce que tu veux ».

Malgré son apparente indifférence, Mathilde reçut ces mots comme une gifle. Elle s'en voulut d'avoir toujours refusé de faire l'amour avec David, qui avait su se montrer si patient et si tendre. Cependant, elle était immensément chagrinée de la réaction si peu amoureuse d'Alexandre. Elle avait tant espéré que son mari, qu'elle avait tant aimé et qu'elle aimait encore, se montre passionné dans une telle situation, qu'il hurle sa douleur et sa jalousie. Elle aurait alors fait le sacrifice de renoncer à David, malgré l'immense affection quelle avait pour lui. Elle se serait jetée dans les bras d'Alex, en lui jurant qu'elle l'aimait aussi, qu'elle n'avait agi ainsi que pour qu'il avoue enfin sa douleur et son amour. Tout ce trop-plein de paroles passionnées lui resta dans la gorge, elle le ravala avec peine. Il ne posa aucune question sur les véritables rapports qui existaient entre elle et David. Ne voulait-il rien savoir ou avait-il peur de savoir ? Il avait la tête baissée, les larmes coulaient sur ses joues. Elle restait assise en face de lui, espérant encore qu'il la regarde, qu'il l'interroge. Mais il était muré dans son mutisme. Elle se leva et quitta la pièce. Il ne fit pas un geste pour la retenir. Elle le laissa donc là, avec ses doutes, sans rien avouer de plus.

Elle se faisait un point d'honneur, malgré son désenchantement, à ne rien laisser transparaître. Sa fierté la rendit moins vulnérable, elle laissa la colère bouillonner en elle. Elle s'obligeait à entretenir cette colère, pour que le chagrin ne prenne pas toute la place.

Au bout d'une demi-heure, voyant que Alex était toujours assis dans la cuisine, elle s'approcha de lui. Sur la table, devant lui, une bouteille d'eau minérale, un verre et un tube de Lexomil. Il les avalait un par un, buvant une gorgée d'eau à chaque fois. Elle s'empara précipitamment du flacon d'anxiolytique afin de savoir combien Alex avait ingurgité de pilules. Il en restait deux au fond de la boîte. Mais combien y en avait-il avant qu'il commence à en prendre ?

« Tu en as pris combien ? hurla-t-elle.

« J'ai pas compté », répondit-il d'une voix pâteuse.

Elle ne perdit pas une minute et la peur au ventre, elle composa le numéro du SAMU. Un médecin urgentiste lui répondit. Elle lui expliqua la situation. Il posa quelques questions et la rassura.

« Votre mari va dormir pendant des heures, laissez le dormir tout en le surveillant. Mais ne vous inquiétez pas, même s'il a pris tout le tube, ce n'est pas dangereux. »

Un peu rassurée, elle aida Alex à s'allonger sur le canapé du salon. Il était vraiment très léthargique et s'endormit presque aussitôt. Elle posa une couverture sur lui et s'assit à ses côtés. Elle passa la nuit à le surveiller, comme lui avait conseillé le médecin. Il ronflait, et ce fut la première fois que ce bruit, qui l'exaspérait tant d'habitude, était doux à ses oreilles. Il était vivant.

Il se réveilla au bout de vingt-quatre heures et ses premières paroles furent :

« Je n'ai pas voulu me suicider, j'ai voulu oublier mon chagrin ».

Maty lui posa quelques questions :

« Quel chagrin ? Tu es malheureux ? Pourquoi ne l'as-tu jamais dit ? »

Ce fut la seule explication qu'elle obtint. Alex resta fermé à toute forme de dialogue.

Trois jours après, elle repartait chez David, qui, par amour pour elle, s'était séparé de sa femme quelques jours auparavant. Il se retrouvait donc seul dans son grand appartement, obligé de faire tout ce qu'il n'avait jamais fait et ne savait pas faire : le ménage, le repassage, les repas.

Mathilde était vraiment très admirative de cette décision, alors qu'elle ne lui avait jamais demandé un tel acte. Elle savait qu'il l'aimait mais, avec cette initiative courageuse, elle comprit à quel point. Elle resta tout le week-end chez lui, l'aidant aux tâches ménagères, se lovant contre lui sur le canapé, se comportant comme une gamine triste qu'il fallait réconforter, sans jamais lui expliquer pourquoi elle était triste. Il ne posa aucune question, comme si il devinait et il fut parfait dans ce rôle d'ami consolateur.

Elle revint auprès d'Alex mais elle supportait de moins en moins son comportement lisse et froid. Rien ni dans ses gestes ni dans ses paroles ne montrait qu'il était affecté par l'aveu de trahison de Maty. Il ne reparla jamais de son geste fou de prise abusive d'anxiolytique, comme si il en avait honte. Maty ne lui en reparla pas non plus, sachant qu'elle n'obtiendrait pas plus d'explications.

Elle repartait donc souvent à Paris. Dans les premiers mois, elle avait l'espoir chevillé au corps qu'à chacun de ses départs, il manifesta sa désapprobation ou son chagrin.

Mais jamais il ne dévoilait le moindre état d'âme. Bientôt, c'est le cœur plus léger qu'elle alla vers David. Elle avait besoin de lui, il était son âme sœur, il la comprenait si bien, savait si bien l'aimer. Il était intelligent, avait des centres d'intérêt variés et leur conversation étaient toujours très intéressantes. Les silences, entre eux, étaient aussi des moments fabuleux, ces moments bénis où deux êtres peuvent rester muets sans qu'aucune gêne n'apparaisse.

Le mutisme d'Alexandre face aux départs répétés de Mathilde la confortait dans l'idée qu'il n'était pas attristé. Elle passait pourtant la presque totalité de son temps à ses côtés, se faisant un point d'honneur de s'occuper de lui, de ses repas, de son linge, de la comptabilité de son entreprise. Elle se devait d'agir comme une bonne épouse, ou plutôt une bonne ménagère, afin qu'Alex, qui travaillait beaucoup, ne pâtisse pas de la situation dans laquelle ils se trouvaient tous les deux, en partie par sa faute à elle. Cette condition ne déplaisait pas à Mathilde. Le calme apparent de son mari leur faisait la vie plus douce, elle pouvait penser à David beaucoup plus sereinement. Il lui manquait parfois, mais pas énormément. Elle était heureuse quand elle était avec lui, elle était bien chez elle aux côtés d'un Alex plus détendu, que l'aveu de sa femme semblait avoir libéré d'un poids et qui se montrait moins colérique, plus modéré dans ses propos. Elle ne ressentait plus d'amour pour lui, son cœur était usé de trop d'attente déçue, mais elle n'arrivait pas à prendre la décision de le quitter pour vivre avec David, malgré les demandes répétées de ce dernier. Elle refusait d'envisager l'anéantissement de son couple, pourtant à l'agonie. Était-ce la force de l'habitude qui la freinait ? Un résidu d'amour qui restait collé à elle, malgré l'indifférence d'Alex ? Son apathie permanente avait tué lentement l'amour qu'elle avait éprouvé pour lui et l'amenait à définir ce qu'elle ressentait comme de l'affection, parfois émaillée de colère, parfois de compassion, en le pensant malheureux, mais résigné. Elle s'interrogeait souvent quant eux sentiments actuels de son mari vis-à-vis d'elle. Bien qu'elle le sache introverti, elle avait des difficultés à accepter son indifférence. Il ne l'aimait plus, c'était sûr ! Pourtant, parfois, elle se surprenait à espérer un revirement de situation, qui les jetterait à nouveau dans les bras l'un de l'autre. Elle se plaisait à penser que son amour était si fort, qu'il attendait avec patience la fin de son aventure et son retour définitif, quand, dans la soirée de certains dimanches, il venait la chercher à la gare, à son retour de Paris. Elle avait alors la surprise de constater qu'il lui avait concocté un repas, chose qu'il n'avait jamais faite durant toutes leurs années de mariage. Elle brûlait de le questionner sur le pourquoi d'un tel geste si inhabituel, mais n'osait pas, car elle se sentait coupable. Mais, la plupart du temps, elle était catégorique, il n'était plus amoureux d'elle, cette soudaine gentillesse n'était que de l'opportunisme, une façon de la retenir, non pas parce qu'il l'aimait encore, mais parce qu'il avait besoin d'elle. Elle ne pouvait cependant imaginer sa vie loin de lui, cet amour, même éteint, était collé à elle comme de la glu.

Leur séparation lui paraissait inconcevable, sachant que loin de lui, elle dépérirait, privée de sa chère présence familière. Finalement, elle aimait cette nouvelle vie : son ami au loin, qu'elle pouvait voir de temps en temps et son mari à la maison, agissant comme si tout était normal entre eux, ne formulant jamais aucun reproche quant à la probable trahison de sa femme, ne posant aucune question. Si ce comportement avait fortement blessé Maty au début, elle s'y était habituée. Elle trouvait leur cohabitation étrange, mais la vie était plus douce ainsi. Il était toujours son Alex, son cocon, son nid, comment aurait-elle pu envisager leur séparation ?

Quelques semaines plus tard, Alex gagna un voyage au Canada, pour deux personnes. Ils y étaient déjà allés tous les deux, quelques années auparavant. Ils avaient adoré ce pays, les grandes étendues immaculées, l'air glacé, les promenades en chiens de traîneaux, les expéditions en moto-neige. Maty en gardait un souvenir ébloui. Mais quand Alex lui proposa de l'accompagner, afin qu'ils passent les fêtes de fin d'année dans ces immensités glacées, elle refusa, la mort dans l'âme. Bien sûr, sa phobie de l'avion la freinait, mais elle voulait le punir, lui montrer qu'elle pouvait se passer de lui pendant une semaine. Fut-il déçu ? Il n'en montra rien et partit avec leur fille, Éléonore.

Mathilde téléphona à David pour l'informer qu'elle serait à ses côtés pour le réveillon de fin d'année. Il manifesta une telle joie qu'elle regretta un peu moins son refus d'escorter Alex.

David l'amena, ce soir du trente et un décembre, dans un restaurant très prisé de Paris. Le repas fut fabuleux, l'ambiance musicale était feutrée, mais chaleureuse. Ils dansèrent une partie de la nuit et rentrèrent au petit matin comblés et ravis.

« Tu ne nous dis pas si Mathilde et David devinrent amants », demanda le petit nouveau, Arthy.

« Tu es bien curieux, répondit Michka avec un sourire ironique, justement, j'allais vous en parler ».

Ce soir-là, quand ils rentrèrent dans l'appartement de David, après qu'ils se soient amusés une partie de la nuit, David pris Maty dans ses bras en lui murmurant qu'il était l'homme lui plus heureux du monde, qu'il avait eu ce soir l'impression qu'ils formaient un couple et que c'était son vœu le plus cher que cette simple sensation devienne la réalité. Elle ne sut quoi répondre, alors elle lui tendit ses lèvres. Leur baiser devint si fougueux qu'il la souleva, la transporta dans la chambre, l'installa délicatement sur le lit et s'allongea à ses côtés.

Ses caresses étaient si tendres, si sensuelles que le corps de Maty s'électrisa. Alex la déshabilla lentement, en continuant de la caresser doucement d'abord, timidement, puis de plus en plus intimement. Le corps de Maty était tendu à l'extrême, parcouru de picotements de plaisir, qui devenaient de plus en plus intenses. David s'allongea sur elle et n'eut aucune difficulté à la pénétrer tant le corps de Maty l'appelait. Elle ressentit à ce moment-là un plaisir qu'elle n'avait jamais éprouvé, ni même soupçonné. Ils jouirent à l'unisson. Il était devenu son amant, un amant attentif, passionné et elle avait adoré cela.

Elle n'éprouva aucun regret ni aucun remords, son amour pour Alex était bel et bien terminé, à cet instant précis, elle en était convaincue.

Quelques mois plus tard, Matthieu se maria. Sa femme, Sandrine, donna naissance au premier petit fils de Mathilde et Alexandre.

Maty aima Noa au premier regard, il ressemblait tant à Alex. Deux ans après, Adam naissait. Mathilde adorait son rôle de grand-mère, s'occuper de ses petits-enfants, les câliner, leur raconter des histoires.

« Durant quelques mois, elle ne nous raconta plus rien, pourtant, elle était si triste », dit Bobby.

« Il suffisait de la regarder et d'écouter », répondit Michka. Après l'émerveillement éprouvé avec David, elle resta pourtant auprès d'Alex. Elle ne savait pas trop pourquoi elle restait à ses côtés, mais elle était dans l'incapacité de le quitter définitivement. Elle aimait sa vie, elle n'avait aucun état d'âme particulier, ni vis-à-vis de David qui l'attendait désespérément ni vis-à-vis d'Alex qui était égal à lui-même, comme si rien ne l'avait perturbé.

Pourtant, un jour, elle découvrit, tout à fait par hasard, en rangeant des relevés téléphoniques, qu'Alexandre téléphonait souvent à un même numéro, qu'elle ne connaissait pas. Après une brève enquête, elle trouva la propriétaire de ce numéro de téléphone. Une secrétaire d'un cabinet d'architecte. Elle aurait dû interroger Alex, mais elle l'attaqua de front en l'accusant d'avoir une maîtresse, il nia tout d'abord, puis avoua à demi-mot que cette femme était avant tout une amie. Cette révélation déclencha en elle un ouragan. Elle était meurtrie jusqu'au plus profond de son âme, tout en se maudissant d'éprouver ce sentiment jaloux, tant elle trouvait logique qu'Alexandre ait rencontré quelqu'un au bout de tant d'années d'abandon sexuel de sa femme.

« Cette douleur est incompréhensible. Elle comprend l'infidélité d'Alex, générée par une situation qu'elle a elle-même provoquée. Pourquoi un tel chagrin ? » questionna Gigi, le gros ours marron, offert par son ami Jean-Jacques.

« Elle pleurait tous les jours » rajouta Winnie l'ourson.

« Elle avait le cœur brisé », répondit Michka.

« Mais pourquoi était-elle si accablée ? Elle nous disait qu'elle n'était plus amoureuse d'Alex », demanda Marin.

« Elle a découvert qu'Alexandre avait cette liaison depuis environ un an et qu'il passait beaucoup de temps au téléphone avec cette femme. Elle n'accepte pas qu'il consacre autant de temps à une autre, alors qu'il lui en a si peu accordé à elle, son épouse. Avec "l'autre", il sait écouter, se confier. Pendant des années, elle a vainement essayé d'attirer l'attention de son mari, tenté de lui faire ouvrir son cœur. Sans succès. Quand leur couple partait à la dérive, il n'a rien tenté pour essayer de le sauver. Mathilde est effondrée de constater qu'il ne l'aimait déjà plus. »

« Ils parlaient vraiment très fort tous les deux ! » souligna Bella, l'ourse habillée d'une robe rouge.

« Je ne les avais jamais entendu se disputer aussi violemment » dit bedon, l'ours au ventre arrondi.

« Mathilde devenait complètement hystérique, hurlant après Alexandre, qui lui rétorquait qu'il ne l'aimait plus, qu'elle l'avait trop fait souffrir, pendant trop longtemps, qu'il était incapable de pardonner, qu'il voulait changer de vie, qu'il n'aurait plus jamais confiance en elle, qu'il voulait qu'ils se séparent, pour ne plus souffrir, continua Michka. Elle sanglotait, et entre deux sanglots, lui assurait qu'elle l'aimait toujours. Il ne voulait rien entendre. Elle insistait, le suppliait de donner une seconde chance à leur amour. Il faisait la sourde oreille. Elle était désespérée, tout s'effondrait, elle ne comprenait plus. »

Comment était-ce possible qu'il ne l'aime plus, qu'il aime cette étrangère ? Que lui trouve-t-il ? Elle est vieille, elle est moche ! Devant son impuissance à le faire changer d'avis, elle hurlait, elle l'insultait, le giflait parfois… Alors, il faisait pareil, les gifles pleuvaient, les insultes fusaient.

Elle était désespérée, jamais elle n'aurait pu imaginer avoir aussi mal à cause d'Alexandre, qu'elle pensait ne plus aimer. Quelle ironie !

Elle décida de le reconquérir, jamais elle n'avait joué les allumeuses, elle ne savait pas, mais elle s'était juré d'apprendre très vite. Elle acheta des ouvrages qui traitaient de la meilleure façon d'être sexy et aguicheuse. Elle fit du charme à son mari, qui, bien que très en colère après elle, se laissa convaincre, quand, un matin, elle lui sauta dessus, cajoleuse, enjôleuse, impudique. Ils firent l'amour. Ce fut un moment divin, malgré la façon presque brutale qu'avait eue Alexandre de l'aimer. Elle reprit espoir. Mais il s'envola très vite quand, après l'amour, elle vit le visage fermé et dur d'Alex, comme s'il regrettait déjà cet abandon.

Elle ne voulut tenir aucun compte de ce comportement et, jour après jour, elle le harcelait pour faire l'amour. Parfois, il cédait, avec un plaisir évident, parfois il refusait. Lors de ses refus, elle devenait folle de douleur et de colère mélangées. Elle comprit vite qu'il ruait des quatre fers, se défendant de craquer, ne voulant plus recommencer de relations tendres avec elle, tant il avait peur de souffrir à nouveau. Sa détermination était sans appel, c'était sans espoir, c'était la fin de leur amour. Elle vivait avec une douleur permanente dans le cœur.

Les jours passaient, mais la douleur ne passait pas, s'amplifiait même, envahissait tout son être. Malgré tout, elle essayait tous les jours de toucher le cœur d'Alexandre, mais il restait ferme, répétant qu'il avait trop souffert, qu'elle l'avait trompé et que c'était terminé.

La vie de Mathilde s'écroulait un peu plus tous les jours. Elle ne mangeait pratiquement plus, maigrissait rapidement, dormait très peu et pleurait continuellement.

Mais Alexandre restait toujours aussi déterminé dans son attitude de rejet.

Elle n'admettait pas ses reproches. Bien sûr, elle l'avait trompé, mais pas comme il l'imaginait. Il n'avait jamais rien demandé à ce sujet d'ailleurs, jamais rien montré de son chagrin, qu'il décrivait si bien maintenant. Comment avait-il pu rester aussi cadenassé pendant tant d'années, sans jamais que rien ne transparaisse de sa peine ? Elle le savait dur, mais elle avait du mal à comprendre comment il avait pu souffrir en silence, sans jamais dire un mot de ce chagrin, qu'il déversait à présent, clamant qu'il devenait fou de chagrin, quand elle partait à Paris. Il lui narrait, avec moult détails, sa lente dégringolade vers un désespoir sans fond, hurlant tout seul dans cette maison vide, buvant plus que de raison pour tenter d'oublier, et cette femme qui était venue vers lui, tentant de l'amadouer, en lui disant qu'il ne méritait pas cela, qu'il était beau et intelligent, qu'il avait repoussé tout d'abord, puis à laquelle il avait cédé, forçant sa nature fidèle, son manque d'allant du moment, pour essayer d'atténuer sa détresse, pour ne pas sombrer dans la folie.

« Elle m'a sauvé la vie ! elle était là, à l'écoute quand je devenais fou de te savoir à Paris, imaginant le pire. Elle m'a entraîné à faire des marathons, cela m'a beaucoup aidé à ne pas sombrer dans la dépression. Je ne l'aime pas comme je t'ai aimé, je ne l'aimerai jamais autant, mais je me sens apaisé à ses côtés, j'ai de la reconnaissance envers elle et je ne veux pas la blesser. Tu comprends ? »

Bien sûr qu'elle comprenait ! Elle savait qu'il disait la vérité, elle avait ressenti ce même sentiment d'apaisement avec David, son ange qui était apparu, comme un sauveteur, pour son pauvre cœur si las. Maintenant, elle subissait cette même douleur qu'Alex avait supportée en silence.

Comment avait-il fait pour rester aussi neutre ? Où avait-il trouvé la force de ne pas hurler sa douleur ?

Elle connaissait son orgueil, sa combativité, sa persévérance. Toutes ces qualités en avaient fait un homme inflexible, qui puisait sa force au plus profond de lui, autant pour avancer dans la tempête que pour cacher ses blessures. Le loup solitaire qui était en lui s'acheminait seul sur sa route, bravant le pire sans un sanglot. Comment n'avait-elle pas compris tout cela avant d'en arriver au bord de la rupture ? Mais Maty était incapable de l'imiter, de garder cette plaie secrète. Elle avait besoin d'exprimer ses émotions, le « trop plein », en elle, explosait. Malgré sa compréhension, elle n'acceptait pas leur rupture et s'obstinait à vouloir le reconquérir. Elle se cognait à un mur, elle n'obtenait plus de lui que de la colère.

« Je ne t'ai jamais trompé moi ! toi tu as trahi ma confiance », hurlait-il.

« Je ne t'ai pas trahi non plus, j'ai été honnête avec toi quand je t'ai parlé de David, mais tu ne m'as posé aucune question. Tu ne voulais rien savoir, parce que tu étais déjà l'amant de "l'autre". C'est toi qui m'as trahi en ne m'avouant pas cette aventure, sanglotait-elle, en sachant bien au fond d'elle que ce qu'elle était en train de dire était faux. »

« Tu dis n'importe quoi ! Tu affabules pour te sentir moins coupable », vociférait-il.

Ils ne s'écoutaient plus, se renvoyant leurs fautes au visage. Entre eux, c'était devenu irrespirable, invivable. Tous les jours, ils s'insultaient, se reprochant mille choses, voulant que l'autre écoute et comprenne sa douleur respective, mais échouant lamentablement.

Tous les soirs, Maty passait des heures derrière la porte-fenêtre de son bureau, Le nez collé à la vitre, attendant fébrilement le retour d'Alexandre, imaginant qu'il était avec « l'autre », ce qui la rendait folle de douleur. Elle fixait la nuit noire, à s'en faire mal aux yeux, espérant à chaque bruit de moteur que c'était la voiture de son mari qui rentrait enfin à la maison. Elle était jalouse, malheureuse, le cœur en lambeaux, mais ne désirait qu'une chose, qu'Alex rentre et qu'il soit enfin chez eux, malgré la froideur et la colère dont il faisait preuve envers elle. Elle le voulait près d'elle, il était à elle.

Elle savait qu'elle agissait d'une manière inappropriée. Face à son mari, dont elle connaissait le caractère si fier, elle aurait dû faire preuve de plus d'humilité, de plus de culpabilité, flatter son ego, au lieu de lui faire des reproches. Peut-être, ainsi, obtiendrait-elle son pardon. Malgré ses bonnes résolutions d'agir avec déférence, sa colère resurgissait immanquablement, chaque fois qu'Alex repoussait ses avances ou rentrait à la maison plus tard que d'ordinaire. Elle ne pouvait contrôler ni sa douleur ni sa colère, elles les avaient refrénées trop longtemps, elles débordaient, envahissaient tout son être, l'empêchant de mesurer ses paroles et ses actes. Elle aspirait tellement à ce qu'Alex comprenne qu'à cause de son ambition démesurée, de son dédain des mises au point, de son manque de temps pour toutes explications, de sa fatuité à croire qu'il était parfait en tout point, de sa froideur et de sa rudesse envers leurs enfants, elle avait accumulé des rancœurs, de la tristesse et de la colère. Elle ne pouvait plus les refréner, elles l'empoisonnaient et la submergeaient tout entière. Elle ne pouvait pas lui demander pardon, elle ne se sentait pas coupable, et elle voulait qu'il l'admette. Mais il resta réfractaire à toutes tentatives d'explications, refusant d'entendre qu'il n'avait pas été un père parfait, rentrant même dans de violentes colères à cette seule évocation.

Hélas ! Elle comprit, au cours d'une horrible querelle, qu'Alex ne pouvait supporter davantage ses sempiternels reproches, ses cris, ses larmes. Un retour en arrière était au-dessus de ses forces, il ne changerait pas d'avis, tant il craignait de souffrir à nouveau. Elle devrait mettre fin à cette situation inextricable, en partant, en quittant sa maison, en abandonnant trente-cinq ans de sa vie.

À bout de force, elle fit part à Alex de sa décision. Comme à son habitude, il ne montra rien de ses sentiments, ni soulagement ni tristesse. Il lui répondit :

« Prends ton temps, mais ne me fait plus aucun reproche quant à ma relation avec cette femme, c'est toi qui a provoqué la situation dans laquelle nous sommes, je ne tolérerai plus aucune critique de ta part. J'ai trop souffert, je veux la paix ».

Maty abdiqua, admit enfin que jamais Alex n'avouerait ses erreurs ni n'entendrait ses explications. Elle essaya de contrôler sa jalousie, mais elle n'arriva jamais à endiguer la tristesse qui la tenaillait, montrant tous les jours un visage triste, des yeux souvent remplis de larmes, sous le regard réprobateur d'Alex.

En attendant, ils vivaient côte à côte comme deux étrangers, deux ennemis même. Elle savait que le jour fatidique de son départ approchait et cette idée la plongeait dans un cauchemar quotidien.

Elle appelait souvent sa sœur Caroline, lui narrant sa peine, vidant son cœur trop plein de souffrance.

« Tu es sûre que le chagrin que tu ressens n'est pas aussi de l'amour propre blessé ? » lui demandait-elle.

Caroline avait toujours été très directe, Maty appréciait son « franc parler », mais là, elle exagérait ! Comment pouvait-elle comparer la douleur d'un chagrin d'amour avec une simple piqûre d'amour propre ?

Pourtant, cette simple question tarauda Maty. Elle s'avoua que son ego était blessé, qu'elle n'acceptait pas qu'une autre femme rentre dans la vie d'Alex, qu'elle avait toujours considéré comme sa propriété. Oui, elle souffrait, c'était indéniable. Mais de la rupture de cet amour qu'elle croyait éternel, ou du fait qu'Alex ait pu la remplacer ? Son cœur, son corps, son ventre étaient une plaie ouverte, comment démêler toutes ses émotions et les classer dans des cases numérotées, avec, dans chacune, le nom de chaque sentiment éprouvé ?

Cependant, sa sœur n'avait pas tout à fait tort. Maty était malheureuse, prête à tout pour sauver son couple, sauf à demander pardon. Elle se sentait pourtant fautive. Elle n'avait pas su discerner le désespoir d'Alex, qu'elle se targuait pourtant de si bien connaître. En fait, elle devait bien admettre qu'elle n'avait pas voulu voir son chagrin. Bien qu'il n'en ait rien montré, elle savait qu'il souffrait de la voir partir à Paris aussi souvent. Elle attendait un signe de lui, un cri de douleur, une supplique, tout en sachant que ce souhait était utopique. Elle connaissait l'orgueil démesuré d'Alex, sa répulsion à montrer ses faiblesses. Elle espérait pourtant un changement, qui n'arriva jamais. Elle resta sur ses positions, agissant aussi fièrement que lui, laissant pourrir une situation qui les avait menées au bord du gouffre, dans lequel elle tombait au ralenti depuis des mois. Elle était coupable, elle aussi, mais, malgré son profond chagrin, elle était incapable de l'avouer à Alex. Oui, son amour propre était blessé, autant que son amour. Lequel des deux faisait le plus mal ? Elle était dans l'incapacité de le dire.

Quelques mois auparavant, sa fille lui avait annoncé qu'elle attendait un enfant. Cette merveilleuse nouvelle lui avait mis un peu de baume au cœur. Mais elle continuait de traîner son chagrin, son cœur était en morceaux, malgré la gentillesse de David, qui essayait, tous les jours, au téléphone, de la dérider, de la faire sourire. Comment pouvait-il continuer à être si patient, si présent, alors qu'elle n'était plus que l'ombre d'elle-même ?

Les mois les plus pitoyables de sa vie passèrent. Quelques jours avant l'accouchement de sa fille, elle partit à Paris. Éléonore y avait trouvé un travail et y résidait avec son compagnon, Julien. Maty s'installa donc chez sa fille et son gendre, attendant avec impatience la venue au monde du petit Leny.

Cette journée fut affreusement longue. L'accouchement dura douze heures. La fébrilité de Maty allait crescendo.

Elle essayait de s'occuper, en faisant du ménage dans l'appartement, attendant avec une impatience grandissante l'appel de son gendre. Quand il téléphona enfin, pour lui annoncer la naissance de son fils, elle appela David, qui vint la chercher. Ils se rendirent tous les deux à la maternité. Quand elle découvrit son petit- fils, un bonheur presque égal à celui qu'elle avait éprouvé le jour de la naissance d'Éléonore envahit son cœur si las. Pourtant, ce n'était pas Alexandre qui était à ses côtés, mais David, son David, toujours présent, toujours attentionné, toujours discret, qui savait si bien partager son bonheur d'être à nouveau grand-mère.

Mais tout cet amour, cette attention, ne la consolait pas de son immense chagrin d'avoir perdu Alexandre. Elle se sentait amputée d'une partie d'elle-même, incapable de se montrer plus amoureuse envers David. Pourtant il n'allait pas bien depuis quelques semaines, ses mains s'engourdissaient, il éprouvait des difficultés pour saisir des objets, pour écrire.

Depuis quelques semaines déjà, David se croyait atteint d'impuissance, au moment où Maty avait enfin consenti à avoir de vrais rapports sexuels avec lui, que ces rapports leur apportaient à tous les deux une satisfaction et un plaisir immense, son sexe ne répondait plus présent. Il était mortifié, mais cette incapacité sexuelle ne contrariait pas Maty. Les caresses de David lui suffisaient. Elles faisaient naître en elle un plaisir encore plus grand que la pénétration qu'elle n'avait jamais vraiment appréciée, et qui, surtout, lui faisait oublier un moment cette douleur permanente figée dans son cœur.

Malgré tout, elle supplia David afin qu'il sollicite l'avis d'un médecin, soupçonnant que la maladresse de ses mains et le manque d'érection de son sexe n'avaient rien à voir avec une quelconque impuissance. C'était probablement plus complexe et sûrement plus grave. David alla consulter son médecin de famille qui diagnostiqua des « becs de perroquet » qu'il conseilla de faire opérer.

Afin d'avoir un deuxième avis, David prit rendez-vous à l'hôpital de La Pitié-Salpêtrière à Paris, avec un neurologue renommé qui effectua de nombreux examens. Quand le résultat tomba, la foudre lui explosa en plein visage : « maladie de Charcot » autrement dit Sclérose Latérale Amyotrophique, un nom barbare pour Maty, qui n'avait jamais entendu parler de cette maladie, contrairement à David qui avait rejeté l'idée d'en être atteint, parce que sa propre mère en était morte quelques années auparavant. Cette atteinte neurologique détruit les motos neurones, cellules nerveuses qui commandent les muscles, et amène inexorablement le malade vers une dépendance telle, qu'il était impossible à Maty d'imaginer l'état dans lequel se retrouverait David dans quelques mois seulement. Elle était trop obnubilée par sa future séparation avec Alexandre, pour être capable de concevoir la gravité de cette maladie, qui allait bientôt affaiblir David. Encore moins d'envisager une issue fatale, puisqu'il n'existait aucun traitement contre cette horreur. Elle ne pensait qu'à Alexandre, elle ne pouvait imaginer son avenir sans lui. L'immense tendresse qu'elle éprouvait pour David, le plaisir sexuel qu'elle éprouvait dans ses bras ne pesaient pas très lourd comparée à sa douleur d'une fin d'amour qui durait depuis trente-cinq ans. Cependant, elle ne pouvait abandonner David qui avait, plus que jamais, besoin d'elle.

N'entrevoyant pas encore la fatalité atroce de la maladie dont il était atteint, elle supputait qu'il aurait juste besoin d'aide pour compenser le handicap de ses mains devenues maladroites. Elle aspirait à tenir ce rôle, par amour pour lui, pour se sentir utile et oublier un temps son chagrin.

« Quand il ira mieux, je retrouverai Alex », pensait-elle naïvement.

Pourtant, ce dernier se montrait toujours aussi indifférent. Maty, ne supportant plus cette impassibilité, décida de s'installer quelques semaines chez David, auprès duquel elle serait plus utile. Ainsi, Alex serait plus serein et soulagé de ne plus avoir à subir tous les jours le visage de Maty, ravagé par le chagrin.

David avait constitué un dossier pour demander sa retraite anticipée. Sa maladie aidant, le dossier avait été accepté. Il aspirait à quitter Paris, pour revenir dans sa région d'origine, qui était celle de Maty. Ils en discutèrent une partie de la nuit, ne pouvant dormir ni l'un ni l'autre. De leurs deux chagrins réunis, ils décidèrent du prochain déménagement de David, de leur installation dans le sud-ouest. Ils loueraient une petite maison, avec un jardin, pour que David profite au mieux d'un cadre de vie agréable durant son traitement, sa convalescence et sa guérison. Ils évitèrent d'évoquer la mort plus que probable de David, se voulant optimistes pour conjurer l'horreur d'une telle éventualité.

Au bout d'un mois, Mathilde rentra chez elle et se mit en quête d'une petite villa à louer. Elle aima immédiatement la première qu'elle visita. Elle savait qu'elle y serait bien, qu'elle plairait à David. Elle était claire, ensoleillée, nichée dans un petit hameau entouré d'arbres et de jolies maisons fleuries, sur une colline qui dominait toute la plaine de la Garonne. Ce n'était pourtant qu'un petit pavillon, de plain-pied, vite construit, en vue d'une location rapide. Il était engoncé au bout d'un chemin escarpé, entouré d'un jardin très pentu, où la tonte serait fastidieuse.

Mais Maty ne vit pas ces défauts, elle était pressée, elle se fiait à la sensation de sérénité qu'elle y ressentait.

Elle commença, le cœur à la dérive, à entreposer ses affaires dans des cartons, qu'elle amena, au fur et à mesure, dans sa nouvelle maison. Ce furent quelques jours très douloureux. Elle ressentait comme une petite mort de quitter ce nid qui avait été le sien pendant si longtemps. Son chagrin lui fit même oublier qu'elle n'aimait plus cette maison, qu'elle s'y sentait mal. Elle allait en partir et tous les bons souvenirs remontaient dans sa mémoire, aggravant son désespoir. Pour essayer de l'alléger, elle fulminait contre Alex, se faisant croire qu'il l'avait jetée dehors, qu'elle partait en exil, telle une exclue, une pestiférée. Ce n'était pas le cas, mais elle n'admettait pas son refus d'accorder une seconde chance à leur amour, chacun y a droit, même le pire des criminels. Mais pas elle, qui avait passé tant d'années à ses côtés, sans jamais le trahir. Et malgré les explications d'Alex quant à son refus de souffrir à nouveau, elle le traita mentalement de lâche, pour mieux le détester.

Pourtant, quand il comprit que sa femme allait vraiment partir, il l'assura qu'elle pouvait rester, à la condition qu'elle ne l'agresse plus au sujet de « l'autre ». Ne prenait-il conscience de son départ qu'à ce moment ?

« Non, je ne resterai pas Alex. J'ai déjà loué une maison, je vais m'y installer avec David. Il est très malade, il a besoin de moi. Toi, plus du tout ».

La pâleur soudaine du visage de Alex fut la seule marque d'émotion qu'elle put y lire. Mais il ajouta :

« Je t'avais dit que tu pouvais prendre ton temps. Pourquoi es-tu si pressée ? »

« Parce que tu ne m'aimes plus, que David m'aime, qu'il est très malade et qu'il a besoin de moi ».

Il ne répondit pas, mais la regarda au fond des yeux, comme il la regardait au début de leur amour. En quelques minutes, elle crut voir dans ses yeux de la peine, une interrogation et de la tendresse. Mais souhaitait-elle y voir tout cela ou le voyait-elle vraiment ? Elle était si perturbée qu'elle ne savait pas, et malgré une envie irrésistible de rester, elle décida du contraire. Elle s'était trop engagée auprès de David. De plus, elle savait que sa jalousie ne pourrait s'empêcher de s'exprimer si elle demeurait auprès d'Alex, que les disputes en découleraient et elle se sentait incapable d'en supporter davantage. Le point de non-retour était atteint, et malgré sa peine, son déchirement, elle continua d'assembler ses affaires.

« Elle pensait également qu'il ne lui demandait de rester que parce qu'il avait besoin d'elle, en tant que ménagère et comptable de son entreprise, ajouta Noël. Cette idée lui était insupportable ».

« Elle n'emballa pourtant que le minimum de ses effets personnels, quelques vêtements, ses livres, et nous, ses nounours, à qui elle tenait par-dessus tout », surenchérit Bob.

« Oui, elle nous amenait avec elle », dit Michka avec fierté.

« C'était un déchirement de la voir verser tant de larmes sur l'écroulement de sa vie, sur ce présent pendant lequel elle faisait table rase de son long passé avec Alexandre » dit Noël d'une voix brisée.

« Elle n'emportait que peu de choses, car elle espérait au plus profond de son cœur, ne partir que quelques mois, se persuadant de son retour après la guérison de David, tout en sachant pertinemment que la guérison n'arriverait jamais. », renchérit Barth.

« Je crois qu'elle ne pensait ni au passé ni au futur, juste à l'instant présent, qui lui broyait le cœur », souligna Michka.

Quand tout fut transposé dans sa nouvelle demeure, elle repartit à Paris, pour aider David à emballer ses affaires.

Ce fut long et fastidieux de tout emmagasiner dans des cartons qui, bientôt, envahirent l'appartement. David l'aidait comme il pouvait, mais ses mains étaient de plus en plus inutiles, ses pauvres mains dont il ne pouvait se servir que si difficilement.

Il ne se plaignait pas, au contraire, il faisait des efforts considérables pour les utiliser au mieux. Il était si fier quand il réussissait. Ces gestes machinaux, qu'il faisait il y a quelques mois à peine, devenaient si pénibles. Quand Éléonore et Julien venaient passer certains week-ends dans son appartement, ils jouaient tous les quatre à la belote. David avait toujours adoré ce jeu. Mais, de semaine en semaine, il avait de plus en plus de difficultés à tenir ses cartes en main. Léo, très imaginative, avait fabriqué un étui afin que David puisse y déposer les cartes, il pouvait, ainsi, les manipuler plus facilement.

Elle était si triste de voir ce grand bonhomme, qui avait été si fort, s'affaiblir de jour en jour, devenir si maladroit dans ses mouvements. Elle compatissait, les larmes cachées au fond du cœur, ne voulant surtout pas montrer sa pitié.

Son chagrin envers Alex était toujours là, bien présent. Elle y pensait tous les jours, toutes les minutes. Elle était complètement obsédée, elle en parlait tout le temps, ne se rendant même pas compte que sa psychose devait faire souffrir David.

Ils aménagèrent dans leur nouvelle maison en mars. Le cœur de Maty était en lambeaux, elle avait un besoin viscéral de couleurs, de gaieté. Sa tristesse l'agaçait, alors, elle entreprit de décorer leur maison de couleurs vives, tapissa les murs de dessins bucoliques, elle épousseta, s'épuisant dans l'action, afin d'anesthésier son chagrin, dans l'espoir de dormir un peu mieux la nuit. Mais au réveil, son accablement était toujours là, empiré par le fait de voir son David de plus en plus gauche dans ses mouvements. Il ne pouvait pratiquement plus saisir les objets. Tous les gestes du quotidien devenaient harassants pour lui. Il s'obstinait pourtant à vouloir presser des oranges, tous les matins, pour en faire un jus. Il savait que Maty adorait cela, son amour pour elle, son envie de lui faire plaisir l'aidaient à surpasser son handicap.

Les premiers mois dans leur nouvelle maison furent pourtant agréables. Tout était propre, bien rangé. Les murs étaient bien un peu trop voyants, décorés de fresques découpées, de poèmes, de fleurs et de papillons. Maty trouvait cela gai et joli. Elle s'emplissait de beauté, de couleurs, pour compenser la grisaille de son cœur et pour montrer à David qu'elle était redevenue la Maty primesautière qu'il aimait, afin qu'il soit serein dans l'enfer de sa maladie. Elle le sentait heureux, malgré l'infirmité qui avançait inexorablement. Il n'en parlait jamais, se faisant un point d'honneur de vivre le plus naturellement possible.

Il lui avait offert l'immense canapé en cuir retourné, orange, qu'elle avait admiré quelques semaines auparavant, dans un magasin de meubles, qu'ils avaient visité, en vue de l'achat d'un bar en verre noir, de deux bibliothèques également en verre, dans lesquelles David désirait ranger sa collection de motos miniatures. Le canapé avait été livré la veille. Il trônait, majestueux, au milieu du petit salon, et ajoutait encore plus de gaieté au décor déjà très chamarré. David n'appréciait pas particulièrement cette couleur vive, mais il laissait libre cours à la créativité envahissante de Maty. Il l'encourageait même, la félicitait de son imagination débordante, souriant malgré tout un peu ironiquement, sans méchanceté aucune, comme un père devant l'inventivité de son enfant. Il était si bienveillant, presque paternel.

Sous ses conseils avisés et complaisants, elle apprit à remplacer une ampoule, à brancher les circuits électriques sur les divers appareils, à monter un meuble qui arrivait en kit. Il savait tout faire. Ne pouvant plus, il instruisait Maty, qui, à ses côtés, se découvrait une soif d'apprendre. Ses compliments la galvanisaient. Elle devint une ménagère chevronnée, qui plus est, prenait plaisir à ces tâches, qu'elle avait toujours détestées. Elle cuisinait des plats succulents afin de faire découvrir à David une cuisine à laquelle il n'était plus habitué. En effet, depuis son adolescence chez ses parents, il n'avait plus mangé que des plats déjà préparés, vite cuits. Une cuisine « industrielle » comme l'appelait Maty. Il appréciait fortement cette gastronomie et félicitait Maty, ce que n'avait jamais fait Alex. En effet, ce dernier mangeait sans dire un mot les bons plats de sa femme, qui, de temps en temps, lui demandait :

« C'est bon ? »

Ce à quoi il répondait immanquablement :

« Puisque je mange ! »

Elle s'était habituée à ne pas recevoir de compliments sur sa façon de cuisiner, mais elle aurait adoré qu'il la complimente de temps en temps. Encore une différence entre David et Alex, une différence de taille, qui aurait pu amener Maty à se sentir épanouie sans la présence toujours bougonne d'Alex. Ce n'était pas le cas.

« Tu es vraiment maso ma pauvre fille », s'admonestait elle.

Et pourtant ! Elle devait bien se rendre à l'évidence, Alex lui manquait. Elle était bien aux côtés de David, elle prenait son rôle d'aide très à cœur, elle en était même fière, mais plus les jours passaient, plus l'absence de Alex lui était éprouvante.

« C'est ma punition », pensait-elle, fataliste.

Le temps panse les blessures, dit le proverbe. Elle espérait donc que le temps ferait son œuvre. Elle deviendrait patiente, il le fallait, de cette qualité qui n'était pas la sienne dépendait son salut.

Le printemps s'installa, le gazon poussa. Ils achetèrent une tondeuse, dont Maty se servait maladroitement, n'ayant jamais effectué cette activité. Le terrain abrupt ne facilitait pas ce travail. David tenait à lui prêter main-forte, et s'obstinait à pousser l'engin sur la pelouse pentue, faisant des efforts considérables pour faire avancer la tondeuse. Maty le laissait faire. Il s'épuisait, suait, ravi de se rendre utile, le visage rayonnant de fierté. Maty était émue, elle imaginait cette angoisse permanente qui devait le tarauder, à la pensée de n'être, un jour, qu'un homme inerte, inutile. Ce n'était que dans l'action qu'il repoussait la vision de cette déchéance.

Hélas, de semaine en semaine, il baissa les armes, ne pouvant plus continuer cette saine activité, ses pauvres mains devenant incapables de maintenir la poignée qui guidait la machine. Il s'allongeait dans un transat, sur la terrasse, regardant Maty manier l'engin, avec de plus en plus de dextérité. Il la félicitait en riant, mais elle sentait la déception derrière ce rire forcé, elle pouvait imaginer la morosité de ses pensées, la lente capitulation de son cerveau qui ne pouvait plus ordonner à son corps d'avancer.

« C'est agréable de regarder une femme travailler, n'est-ce pas ? lui lançait-elle de temps en temps avec humour.

« Oh oui alors ! J'aime farnienter, après tout, je suis à la retraite », répondait-il sur le même ton.

« Tu as raison mon ange, repose-toi, tu es un vieux monsieur maintenant », répondait-elle d'une voix qu'elle voulait gaie et décontractée.

Ces moments devenaient un jeu entre eux et semblaient rasséréner David, au grand soulagement de Maty.

Le printemps était chaud, ils passaient de longues heures dans le jardin. Maty planta des fleurs, un figuier, un abricotier. Le voisin, Jacques, venait lui prêter main-forte de temps en temps.

Il discutait avec David qu'il avait pris en amitié. Ce dernier était épanoui. Ces longues heures ensoleillées, dans une nature verdoyante, lui inoculaient un bien être qu'il n'avait pas ressenti depuis son enfance, dans la ferme de ses parents. Il avait toujours été proche de la nature, et ces longues années parisiennes l'en avaient privé. À la tombée de la nuit, il s'installait sur un transat, sur la terrasse, et contemplait les étoiles.

« Je faisais toujours cela, quand j'étais jeune. Je passais des heures à les admirer. À Paris, il y a trop de lumière, on ne voit pas les étoiles ».

Elle aimait par-dessus tout ces longues et douces soirées, assise à côté de David, la main dans la sienne, le nez levé vers la voûte céleste, l'écoutant citer le nom des étoiles.

L'été arriva, ils partirent au bord de la mer, dans la maison de Maty. Caroline les accompagnait. David marchait encore normalement, mais il ne pouvait plus se baigner, incapable de nager, ses bras ne lui obéissant plus du tout.

Durant cet été, il se plaignit d'une douleur dans le pied. Caroline comprit que la maladie évoluait et que les jambes allaient être atteintes. Elle fit part de ses doutes à Maty, mais dédramatisa devant David.

À leur retour, ils allèrent consulter un neurologue à Bordeaux, qui confirma l'atteinte des jambes, et leur proche paralysie. Pour la première fois, David fut abattu. L'espoir s'évanouissait. Il comprit que la maladie avançait inexorablement, tout en proclamant, haut et fort, qu'un traitement miracle allait être découvert. Il voulait s'en convaincre, il fallait qu'il le soit :

« Bien sûr, un traitement va être mis au point. Tu as déjà bénéficié d'un premier protocole, il y en aura d'autres, qui seront efficaces, tu retrouveras tes forces, j'en suis convaincue » assurait Maty avec toute la persuasion dont elle était capable.

Quelques jours plus tard, elle reçut des textos anonymes. Elle comprit immédiatement d'où ils provenaient, c'était « l'autre », la copine d'Alex, qui la provoquait. Cette femme était méchante et probablement jalouse d'imaginer le retour de Maty auprès d'Alex. Elle voulait lui faire peur. Ces messages, qui devinrent quotidiens, n'eurent pas l'effet escompté, mais ils la contrarièrent terriblement. Pourquoi cette mocheté agissait elle ainsi ? Pour quelle raison était-elle jalouse ? Que lui racontait Alex ?

Elle téléphona à ce dernier pour lui en faire part. Il la traita de menteuse et ne voulut rien entendre. Les messages insultants continuèrent donc pendant des mois, rendant Mathilde malade de chagrin d'être considérée comme une affabulatrice par son mari et ivre de rage envers cette vipère, qui devait jurer de son innocence à Alex, qui voulait être convaincu de sa bonne foi afin de mieux accuser Maty, qui était à ses yeux la méchante.

Maty rêvait de vengeance, alimentait sa colère, pour oublier quelques heures son chagrin.

Mais ses états d'âme étaient souvent mis de côté, car David sollicitait de plus en plus son aide, dans le plus banal des gestes, se laver, s'habiller, s'asseoir, se relever, manger parfois, tant ses mains devenues raides ne pouvaient plus manipuler les couverts. Il était absolument dépendant d'elle. Elle était épuisée physiquement et moralement.

Bientôt, elle ne put plus gérer, seule, ces tâches épuisantes. Elle fit appel à des aides médicales. Deux infirmières venaient tous les matins, pour aider aux soins quotidiens de David.

Mathilde tenait à se montrer forte, toujours présente, toujours disponible, en essayant de sourire le plus souvent possible. Pourtant, ce fut une période très pénible, car son moral était au plus bas. L'état de David la minait, ses enfants lui en voulaient d'avoir quitté leur père. Ils n'admettaient pas qu'elle envisage de demander à Alex la moitié de leur patrimoine, auquel elle avait pourtant droit. Avaient-ils oublié combien leur père avait été cassant envers eux ? Ne se souvenaient-ils plus de ses reproches ? De leurs larmes ? De leur déception ? Malgré sa peine, elle excusait leur comportement. Ils étaient tristes de la séparation de leurs parents, bien qu'ils aient souvent reproché à Maty de n'être pas partie plus tôt, quand ils étaient petits, pour leur éviter la sévérité et les critiques injustes d'Alex. Ils avaient raison, elle se sentait coupable, elle aurait dû protéger ses enfants. Elle y avait pensé si souvent pourtant, sans jamais avoir le courage de quitter Alex afin de protéger ses enfants de sa dureté. Elle était dans le désarroi le plus total.

Léo se rapprocha pourtant d'elle, après une dispute avec son père. Mathilde ne lui reprocha jamais sa méchanceté vis-à-vis d'elle, au moment où elle avait tant besoin de soutien.

Au mois de septembre, sa fille se maria. Maty se prépara pour ce mariage comme si c'était le sien. Elle voulait être magnifique, pour que sa fille soit fière d'elle et pour qu'Alexandre la contemple dans toute sa beauté, qui s'était pourtant considérablement fanée, elle avait beaucoup maigri, son visage était pâle et fatigué. Elle le maquilla à outrance, essayant de cacher les rides et les cernes qu'avaient laissés les larmes si souvent versées ces derniers mois.

Après le passage obligatoire à la mairie eut lieu une cérémonie laïque, au cours de laquelle Maty et Reine, la mère de Julien, les marièrent solennellement. Mathilde ressentit une émotion profonde de bénir ainsi sa fille, devant tous les invités, et devant Alexandre, qui la regardait, essayant de cacher ses larmes, qu'il versa pourtant abondamment. Mathilde ne sut jamais si c'était l'émotion de ce mariage qui lui rappelait le leur, s'il pleurait sur l'effondrement de leur couple, ou s'il était ému par l'union de ce jeune couple, car il ne lui adressa pas la parole de la journée, sauf quand elle s'approcha de lui pour lui demander :

« Tu me trouves belle ? »

Ce à quoi il répondit sèchement :

« Je t'ai toujours trouvée belle ».

Encore une fois, elle était assoiffée de compliments, et n'avait pas pu s'empêcher d'en quémander. Qu'espérait-elle ? Qu'il la couvre de louanges ? Il ne l'avait jamais fait, alors, elle se contenta de cette réponse en ne voyant aucune émotion sur son visage fermé, ce qui la freina dans son envie de poursuivre la conversation.

Mathilde fit des allers-retours jusqu'à chez elle, pour s'occuper de David, resté seul à la maison, triste, attendant patiemment mais fébrilement qu'elle revienne.

Elle était si partagée ce jour-là, si affligée par l'état de David, si heureuse de voir le bonheur de sa fille et si affectée de la froideur de son mari vis-à-vis d'elle.

Le quotidien repris, rythmé par les soins donnés à David qui devenait de plus en plus dépendant de Maty. Il ne pouvait maintenant se déplacer qu'avec un déambulateur, qu'il manœuvrait avec beaucoup de précautions, de peur de la chute, qui se produisit cependant un jour. Il fit un faux pas et tomba lourdement sur le carrelage. Mathilde, qui essayait toujours d'anticiper ses mouvements, n'avait pu empêcher cette chute. Il était étendu au milieu du couloir, comme un grand oiseau blessé, incapable de se relever. Mathilde essaya de toutes ses forces de l'aider, mais elle s'y épuisa et dû renoncer. Elle téléphona aux pompiers qui furent vite là. Ils replacèrent David, grand corps inerte, sur le canapé.

Ce fut ce jour-là qu'elle prit vraiment conscience de l'état désespéré de David, et le soir, dans son lit, la compassion qu'elle éprouvait pour lui, qu'elle refusait de lui montrer, la fit sangloter. Ces larmes libératrices la soulagèrent et l'aidèrent à ne pas baisser les bras.

Le lendemain, elle louait un fauteuil roulant pour les déplacements de David. Il se levait parfois, voulant se donner l'illusion qu'il n'était pas complètement infirme. Il mangeait debout : il prenait la fourchette, avec difficulté, avec ses deux mains, ses bras n'avaient plus d'amplitude pour atteindre sa bouche. Mais très vite, ce simple geste lui devint impossible. Ses jambes ne furent plus assez solides. Il demeurait assis, toute la journée, sur le canapé orange, qui était devenu son lieu de vie.

Tous les jours, un peu plus, la santé de David se dégradait. Maty lui donnait la becquée, comme à un bébé. Il ingérait la nourriture avec de plus en plus de difficulté. Elle mixait pourtant tous les aliments, afin qu'il puisse les avaler sans craindre l'étouffement à chaque cuillerée. Sa déglutition devint incommode, il écourtait chaque repas, ce qui entraîna un amaigrissement, qui épouvanta Maty. Le neurologue les avait mis en garde contre une perte de poids rapide, qui entraînerait un prompt affaiblissement. Son élocution devenait plus lente et plus difficile au fil des semaines. Il ne pouvait dormir qu'en position semi-assise, au risque de s'étouffer pendant son sommeil. Mathilde était terrifiée à l'idée que cela arrive pendant qu'elle était endormie. Elle ne faisait que sommeiller, ce qui lui occasionna une grande fatigue. Elle était terrorisée à l'idée de craquer physiquement. Pourtant, jamais elle ne fut dégoûtée par les soins qu'elle prodiguait à

David. Elle s'occupait de lui comme elle l'avait fait pour ses enfants, il était devenu son grand bébé, qu'il fallait habiller, nourrir, laver, aider à ses besoins.

Ni les odeurs d'excréments, ni le vomi, ni les crachats ne la rebutaient. Elle surmontait ces désagréments avec toute la tendresse qu'elle avait pour lui. Il était devenu son enfant, pour qui elle désirait de toutes ses forces une fin de vie la plus agréable possible.

Son physique s'était considérablement détérioré, mais son caractère était toujours aussi agréable. Il la remerciait, lui faisait des compliments. Il ne se plaignait jamais de son lamentable état qui faisait de lui cet homme si faible, ne pouvant plus chasser une mouche sur son visage, ni utiliser la télécommande pour changer de programme, ni caresser la chatte Lina, qui venait toujours réclamer des câlins, cette chatte qu'il aimait tant et qu'il ne pouvait plus cajoler comme il avait toujours pris plaisir à le faire. Ne se rendait-il pas compte de cette déchéance ou était-il assez fort pour ne rien laisser paraître ?

Mathilde s'abstint de lui poser la question, par manque de courage ou simplement pour ne pas qu'il prenne conscience de l'avancée rapide de sa maladie, au cas où, miraculeusement, il n'aurait pas réalisé cette atroce réalité. Elle ne lui montra jamais ni la tristesse ni la pitié qu'elle éprouvait pour lui. Elle se comportait comme quand il était bien portant, comme elle s'était toujours comportée, tendre ou agacée, l'abreuvant tantôt de mots doux, tantôt de phrases bien senties pour lui asséner ses quatre vérités, quand elle jugeait bon qu'il l'avait mérité. Elle agissait ainsi, sans calcul. Elle ne forçait pas sa nature impulsive. David appréciait, il aurait détesté être traité comme un mourant, il était juste un homme malade. Elle faisait semblant d'attendre sa guérison, ce qui évitait de penser à l'issue fatale.

Pourtant, elle savait qu'il allait bientôt mourir, mais jamais elle n'y fit la moindre allusion, au contraire, elle lui répétait toujours qu'il allait guérir, qu'on finirait bien par trouver un médicament miracle, qu'il reprendrait des forces, qu'il redeviendrait comme avant ce cauchemar. Ce furent des mois très pénibles de devoir ainsi composer dans cette comédie de la bonne humeur, pour qu'il ne s'aperçoive surtout pas qu'elle était si malheureuse de sa sénescence précoce, de sa mort prochaine. Elle avait conscience que cela faisait du bien à David de la voir toujours égale à elle-même, dans ses douceurs comme dans ses colères. Elle ne sut jamais s'il croyait à cette comédie de la guérison, parce qu'il avait l'espoir chevillé au corps, ou s'il donnait le change, pour se donner du courage et ne pas occasionner de la tristesse chez sa Maty adorée. Tout ce qu'elle voyait, c'est qu'il avait l'air heureux, serein et à force de faire semblant d'y croire, elle se prenait, elle aussi, à espérer, parfois, se disant que, peut-être, les miracles existaient.

Une seule fois, ils abordèrent, sur le mode badin, la question de la mort. Après un reportage télévisé sur la crémation, Maty expliqua à David, en s'efforçant de minimiser le sujet, qu'elle désirait ce mode de funérailles parce que la seule pensée, d'être enfouie sous la terre, la terrorisait. Il répondit qu'il en était de même pour lui.

Elle exprima également le vœu que soit diffusée, lors de ses obsèques, sa chanson et musique préférées :

« Mémory » de Barbra Streisand et « Mélodie Hongroise » de Schubert.

« Et toi mon ange ? »

« Je voudrais "jolène" de Dolly Parton, mais la version jouée par ton ami Didier ».

Maty était rassurée de connaître les volontés de David.

Leur quotidien était réglé comme une horloge : les soins prodigués par les infirmières duraient toute la matinée. Les longues heures l'après-midi, devant la télévision, pour David, qui ne pouvait plus exercer d'autres activités, s'étiraient jusqu'au souper. Ses rendez-vous trois fois par semaine avec l'ambulancier, qui le conduisait chez le kinésithérapeute et enfin, les repas qui duraient des heures parfois, tant il lui était devenu pénible d'avaler la nourriture, même mixée.

« Allez mon ange, une bouchée pour papa, bois un peu, à la paille, doucement, allez, encore une bouchée, pour maman… ». Tout en bêtifiant, pour adoucir et décontracter cette atmosphère pénible, Mathilde attendait longuement entre chaque cuillerée, afin que David puisse déglutir. Il ressemblait à un grand bébé, la bouche ouverte, avalant avec peine. Il la remerciait après chaque repas de tout ce qu'elle faisait pour lui. Le cœur de Maty débordait d'amour, elle le serrait fort contre elle, après chaque repas, inondée de tendresse et de compassion, avec la volonté chevillée au corps de le protéger contre cette araignée infâme qui paralysait son corps un peu plus chaque jour.

Elle désirait tant lui insuffler un peu de sa vigueur, de sa chaleur. Mais les jours passaient et les forces de David diminuaient inéluctablement.

De temps en temps, elle s'absentait pour faire quelques courses, mais elle ne s'attardait jamais, tant elle redoutait de retrouver David en position inconfortable.

Le présent seul comptait, les matinées consacrées aux soins, les longues soirées sur le canapé devant la télévision, qui duraient parfois jusqu'à l'aube, afin de surveiller le sommeil de David, tant l'angoisse d'un étouffement nocturne hantait Maty. Mais ses pensées étaient, malgré la réalité cauchemardesque qu'elle vivait au quotidien, toujours tournées vers Alexandre. Que faisait-il ? Où était-il ? Avec « l'autre » ? en train de l'embrasser, de la caresser ? Cette image lui était insupportable, autant que quand elle l'attendait le soir, devant la fenêtre de son bureau, en l'imaginant dans les bras de « l'autre », cette femme disgracieuse, odieuse, qui continuait de la harceler de textos et de coups de téléphone, sans impunité, puisqu'elle se savait protégée par Alexandre, lui-même persuadé ou voulant se faire croire que Maty affabulait.

Elle la haïssait de toutes ses forces, comme elle n'avait jamais haï personne. Elle lui souhaitait tous les malheurs, non pour son statut de maîtresse d'Alex, mais parce qu'elle la savait mauvaise, hypocrite, menteuse et profiteuse. Ses SMS perfides, ses appels, qu'elle voulait anonymes, étaient méchants et vicieux. Alex ne voyait rien, ou ne voulait pas voir.

Quelques jours plus tard, elle reçut une lettre de sa banque, lui signifiant que son mari avait clôturé leur compte bancaire, le compte joint qu'elle avait conservé d'un commun accord avec lui, pour compenser la pension alimentaire à laquelle elle avait droit, mais qu'elle avait refusé, pour montrer son désintérêt de l'argent à Alex, de demander lors de la conciliation. Elle ne pouvait donc plus, désormais, utiliser cet argent et se serait retrouvée démunie, si David, qui avait une retraite confortable, n'avait pas été là pour toutes les dépenses quotidiennes, qu'elle avait toujours tenu à partager avec lui jusqu'à présent.

Pour la première fois, la question financière la mit en colère, elle se sentait dépouillée et elle s'inquiéta de son futur. Qu'adviendrait-il d'elle après la mort de David ? Elle ne pourrait subsister longtemps avec le peu d'économie qu'elle possédait. Le loyer, à lui seul, engloutirait une grande partie de son petit capital. Toutes ces questions matérielles ne l'avaient jusqu'alors jamais effleurée, trop occupée qu'elle était par la maladie de David, son refus d'envisager avec réalisme son décès et l'espoir que Alex reste fair-play jusqu'à leur divorce, en acceptant rapidement la séparation des biens.

Elle téléphona à son avocat, qui lui conseilla de solliciter une pension alimentaire en attendant le partage définitif de leur patrimoine, à Alexandre et à elle-même, partage qui risquait de prendre du temps, puisque son mari se refusait actuellement à toute négociation. Mathilde accepta, la mort dans l'âme, s'étant pourtant juré de ne pas réclamer cette pension, par orgueil, mais aussi parce qu'elle n'avait jamais envisagé qu'Alex agisse aussi perfidement.

Il était temps pourtant de se soucier de son avenir financier.

À la fin du mois de novembre, David devait intégrer durant quelques jours le centre de maladie neurologique à Bordeaux, pour y subir des examens, en prévision d'un nouveau protocole dont il devait bénéficier en tout début d'année suivante.

Le matin de son départ, l'ambulance vint le chercher. Il était serein, plein d'espoir quant à la médecine du vingtième et unième siècle qui était capable de merveilles. Il partait le sourire aux lèvres, persuadé qu'il serait un excellent candidat pour ce protocole qui, sait-on jamais, le guérirait.

« À demain, ma chérie, tu verras, tout ira bien ».

« Bien sûr, mon ange, que tout ira bien. Je serai là demain. Je t'aime » et elle l'embrassa de tout son cœur.

Elle l'avait affublé de ce surnom « mon ange » le jour où il lui avait avoué « depuis que je t'ai retrouvé, je vis sur un petit nuage ».

Elle imaginait David, assis sur un nuage, tel un ange, souriant béatement. Cette image l'avait amusée et émue, et elle lui disait souvent :

« Tu es mon ange, celui qui est revenu pour me sauver de la tristesse qui peu à peu envahissait ma vie ».

Le lendemain, elle alla, comme promis, lui rendre visite à l'hôpital.

Elle le trouva dans son lit, le visage triste.

« Qu'est-ce que tu as, mon ange ? »

« J'ai envie de sortir de cette chambre, envie de revenir chez nous, s'il te plaît, aide moi »

Mathilde sollicita le droit d'aller se promener dans le parc avec David. Deux aides-soignants soulevèrent son corps inerte et l'installèrent dans un fauteuil roulant. Mathilde couvrit ses jambes avec un plaid, car l'hiver était là et il faisait très froid dehors. Elle poussa le fauteuil jusqu'à l'ascenseur et ils se retrouvèrent dans le parc glacé.

« Je voudrais tant fumer, je n'ai pas pu "griller" une cigarette depuis hier », soupira David.

Ce n'était pas conseillé, mais qu'importe, elle ne se sentait pas la force de lui refuser ce plaisir, elle savait trop le manque qu'il devait ressentir, étant elle-même fumeur.

« Ce n'est pas une malheureuse cigarette qui va le tuer, au point où il en est », pensa-t-elle avec fatalisme.

Elle alluma la gauloise, lui glissa entre les lèvres. Il aspira une bouffée avec un plaisir évident.

« comment te sens-tu, mon ange ? »

« Je suis en train de crever, je suis foutu ».

Ces paroles de désespoir, formulées d'un ton aussi résigné, affolèrent le cœur de Maty. Jamais elle ne l'avait entendu se plaindre ni affirmer que sa maladie était grave et qu'il allait en mourir, par peur ou par espoir, elle ne l'avait jamais su. Ce dont elle était sûre, c'est qu'il s'était toujours montré très optimiste face à cette affection neurologique si grave. Pour la première fois, elle l'entendait dire que l'espoir était mort en lui.

Les larmes lui montèrent aux yeux, elle les ravala et d'une voix qu'elle voulait assurée, elle répondit :

« Mais moi je ne veux pas que tu crèves, je t'interdis de crever, je t'interdis de me laisser seule. Qu'est-ce que je ferai sans toi ? tu ne vas pas mourir, tu es fatigué, tu en as marre, c'est normal, mais tu vas guérir, j'en suis sûre mon ange ».

Était-ce sa réponse ou le ton de sa voix ? Elle vit le visage de David s'éclairer, puis sourire avec confiance, comme un enfant après un cauchemar, rassuré par les bras de sa mère. Il ne fallait pas qu'il entrevoie cette faucheuse immonde qui s'approchait de lui. Elle devait lui insuffler l'espoir, afin qu'il soit paisible jusqu'à la fin.

Ils se promenèrent encore un moment. Elle s'arrêtait de temps en temps pour remonter la couverture sur ses jambes mortes, le serrer contre elle, posant son visage amaigri contre sa poitrine, lui murmurant qu'elle l'aimait, qu'elle avait besoin de lui, parlant de choses sans importances, pour éloigner de lui les pensées funestes qu'il avait, elle le savait maintenant.

C'est tout à fait serein qu'il remonta dans sa chambre.

Le lendemain, le médecin prit la décision de pratiquer une gastrotomie sur David, afin d'éviter un étouffement qui pourrait lui être fatal lors de la déglutition des aliments. L'opération se passa bien. Il serait désormais nourri par une machine. Il n'aurait plus le plaisir du goût des aliments. Quelle tristesse !

« Saleté de maladie, je te maudis ! tu grignotes mon David par petits bouts, jusqu'à ce qu'il n'en reste plus rien », hurlait-elle dans sa tête pour soulager sa douleur et son impuissance.

Le surlendemain, quand elle arriva dans la chambre de David, elle la trouva vide, ses affaires étaient rangées dans un coin. En quelques secondes, elle imagina le pire. Elle héla la première infirmière qui passait. Cette dernière lui expliqua que David avait fait un malaise dans la nuit et qu'il avait été transféré dans un autre hôpital de la ville, qui possédait un centre de réanimation.

Sans attendre d'autres explications, elle partit à la recherche de cet hôpital, le moral en berne, la peur au ventre.

Quand elle trouva enfin la chambre où se trouvait David, elle constata qu'il était au plus mal. Son visage était cadavérique, en sueur, et un râle s'échappait de ses lèvres desséchées. Son sang se glaça, elle fit demi-tour et se rendit dans le bureau des infirmières. Sans autre forme de politesse, elle hurla :

« Pourquoi David est si mal ? »

Le personnel hospitalier expliqua la « fausse route », qui avait occasionné la mise en réanimation de David.

« Ne vous inquiétez pas, ce sont des incidents courants lors de cette maladie. David va se rétablir d'ici quelques jours » temporisa l'infirmière.

Maty ne fut pas vraiment rassurée par l'apparente décontraction du personnel soignant et questionna :

« Une fausse route avec une gastrotomie ? Comment est-ce possible ? »

Le sourire de l'infirmière s'effaça, elle parut gênée :

« Il faudrait que vous discutiez avec le médecin pour qu'il vous explique ».

La colère l'envahit, mais elle ne répliqua pas, tourna les talons et revint auprès de David. Il avait les yeux clos, un râle d'agonisant sortait toujours de sa bouche. Elle lui caressa le visage tout en essuyant son front inondé de sueur. Il ne faisait pourtant pas si chaud dans cette chambre. Elle prit ses mains, elles étaient glacées. Une peur panique s'empara de Mathilde, elle sentait que quelque chose clochait, que l'état semi-comateux de David n'était pas normal. Au bout d'un moment qui lui sembla une éternité, il ouvrit les yeux. Des yeux éteints qui la regardaient sans la voir. Soudain, elle y aperçut une lueur affolée. Avait-il peur ? Se sentait-il mourir ? Que pouvait-elle faire ? Elle se sentait si impuissante. Elle commença à lui parler, de tout, de rien, ignorant s'il comprenait ce monologue. Elle serra ses mains dans les siennes et murmura :

« Est-ce que tu m'entends, mon ange ? Si tu me comprends, ferme les yeux pour dire oui et laisse-les ouverts pour dire non. Tu comprends ? »

David ferma les yeux, montrant qu'il avait saisi ce que Maty lui demandait. Un immense soulagement l'envahit.

« Je t'aime mon ange, j'ai besoin de toi, accroche-toi je t'en supplie ».

David la regardait au fond des yeux, comme pour lui faire comprendre quelque chose.

« Tu as peur ? Tu crois que tu vas mourir ? »

Les paupières de David se fermèrent.

« Tu ne vas pas mourir mon ange, je suis près de toi, je te tiens la main, je ne la lâcherai jamais, je refuse que tu meures et tu ne mourras pas. Nous reviendrons tous les deux chez nous quand tu seras guéri et nous serons heureux, je te le promets mon ange, tu me crois au moins ? »

David ferma les yeux.

« Veux-tu que ton fils vienne te voir ? Je peux l'appeler et il viendra demain. »

Les paupières de David se serrèrent très fort.

Elle monologua ainsi pendant des heures, sentant que le son de sa voix l'apaisait. Il finit par s'endormir. Elle sortit de la chambre, épuisée, vidée et se dirigea vers le parc où elle aspirait à y pleurer, hors de la vue de David, pour soulager ce trop-plein de souffrance qui menaçait de l'engloutir.

Il allait mourir, dans quelques heures, ou quelques jours, elle le ressentait dans toutes les fibres de son corps. Qu'importe ce que pouvaient dire les infirmières, elle savait, elle, que son David vivait ses dernières heures.

Elle remonta à son chevet. Ses grands yeux creux lui mangeaient le visage et la dévisageaient, comme s'il essayait de lui dire quelque chose. Un cri d'amour ? un adieu ? Elle lui caressa les mains, les bras, le visage tout en lui parlant doucement, murmura des mots d'amour, répéta inlassablement que tout irait bien.

Elle avait besoin de sa chaleur, alors, elle s'étendit à ses côtés en lui chuchotant qu'elle avait besoin de lui, qu'il allait guérir, qu'ils allaient être très heureux. Elle voulait désespérément que ses paroles soient persuasives, rassurantes, afin que David, aux portes de la mort, elle en était sûre, ressente tout l'amour qu'elle éprouvait, afin qu'il parte en paix. Elle resta lovée contre lui pendant des heures, s'imprégnant de son odeur, de sa chaleur, lui offrant la sienne. Elle l'écoutait dormir, sa respiration devenue plus régulière la rasséréna et desserra l'étau qui compressait sa poitrine depuis son arrivée.

Quand le soir tomba, elle sollicita la permission de rester à ses côtés pour la nuit, mais les infirmières lui affirmèrent que c'était impossible, en assurant avec force que David allait bien, qu'il n'y avait aucune raison de s'inquiéter.

Le médecin n'était pas passé, Maty n'avait aucune explication quant au malaise de David, qui l'avait amené en réanimation.

Elle l'embrassa. Il avait les yeux grands ouverts, semblant la supplier de ne pas le quitter. Mais était-ce vraiment cette prière qu'elle croyait lire dans son regard ?

Elle ne savait pas, elle ne savait plus. Peut-être que son esprit fatigué élucubrait, en s'imaginant qu'elle ne le reverrait pas vivant.

« Je ne peux pas rester mon ange, tu es en réanimation, je n'ai pas le droit de passer la nuit avec toi, tu comprends ».

Ses paupières se fermèrent, puis s'ouvrirent. Dans son regard, la même supplication muette. Il lui disait adieu, elle en était certaine. Après un dernier baiser sur ses lèvres sèches, un dernier mot d'amour susurré à son oreille, elle quitta la chambre, le visage ruisselant de larmes, l'estomac serré, le cœur en berne.

Elle rentra chez elle, chez eux, dans cette maison vide de lui. Elle téléphona au fils de David, pour lui dire que son père désirait le voir, mais aussi pour l'informer du mauvais pressentiment qui ne la quittait pas. Elle le supplia d'appeler l'hôpital, qui, peut-être, à lui, dirait la vérité sur le véritable état de santé de son père. Il promit de le faire immédiatement et rappela quelques instants plus tard, en lui affirmant que le personnel médical avait assuré qu'il n'y avait aucune raison de se tourmenter. Malgré ces paroles rassurantes, son affolement ne la quittait pas. Elle tournait en rond dans la maison, cherchant une occupation, ne trouvant rien, s'assit cent fois, se releva, les nerfs à vif. Elle finit par s'allonger sur le canapé et éclata en sanglots. Elle pleura sur tous les projets qu'ils avaient faits ensemble, sur son bonheur de vivre avec elle, ce bonheur qui avait duré si peu de temps. Elle sanglota sur le manque qu'elle avait d'Alex, qui ne serait pas là au moment où elle aurait le plus besoin de lui. Comment pouvait-il être aussi cruel avec sa femme, avec qui il avait passé la moitié de sa vie ? Pourquoi ne savait-il pas tendre une main secourable à celle qu'il avait aimée ? Son esprit embrouillé allait de David à Alex, mélangeait ses deux amours, imaginait qu'ils allaient mourir tous les deux.

Elle fut prise d'un besoin irrésistible d'appeler sa sœur Caroline pour lui parler de son angoisse. Pendant une heure, elle déversa son trop-plein de douleur dans l'oreille compatissante de sa sœur. Elle lui décrivit l'état de David. Caroline, infirmière chevronnée, réussit à l'apaiser, tout en étant persuadée, elle aussi, que David vivait ses dernières heures. Sa conversation avec Caroline lui fit du bien, et malgré son inquiétude, Maty finit par s'endormir sur le canapé.

La sonnerie du téléphone la réveilla à cinq heures du matin. Elle ne fut pas étonnée par cet appel aussi matinal, elle savait. Elle décrocha et entendit une voix masculine :

« Madame, nous sommes désolés ! Nous désirerions que vous veniez très tôt dans la matinée avec le fils de David. Nous avons été dans l'obligation de le plonger dans le coma et nous devons prendre une décision, car nous sommes dans une impasse ».

Elle ne comprit pas grand-chose à ce charabia, mais elle ne posa pas la question qui la tracassait tant hier, elle était groggy, incapable de parlementer.

« À tout à l'heure, Docteur ».

Elle téléphona à Luc pour l'informer de l'appel qu'elle venait de recevoir. Il lui demanda la permission d'amener sa mère, Alice, avec lui. Maty accepta avec plaisir, trouvant légitime la présence de l'ex-femme de David en ces heures si pénibles. Puis elle se prépara et prit la route pour l'hôpital. Luc et Alice la rejoindraient quelques heures plus tard, car ils avaient une longue route à parcourir.

Arrivée à destination, Mathilde se dirigea vers les escaliers qui menaient aux services de réanimation et se présenta à l'accueil. On l'invita à entrer dans une salle surchauffée.

Commença une attente qui dura très longtemps. Quand la porte s'ouvrit enfin, elle se leva d'un bond, fébrile, angoissée, oublia de saluer le médecin, impatiente d'avoir des nouvelles de David.

« Vous ne pouvez pas voir David immédiatement, il n'est pas seul dans le service de réanimation et nous faisons actuellement des soins aux autres malades. De plus, je préfère que nous attendions le fils de David. Je suis désolé, Madame, je vous demande encore un peu de patience ».

De la patience ! Elle n'en avait plus, elle était à bout, elle voulait voir David, le toucher, l'embrasser, mais elle se rassit, impuissante, résignée. Son corps était électrique, elle se releva, ne tenant pas en place, l'angoisse était trop forte, cette attente la rendait folle. Elle avait besoin d'air, elle voulait sortir dans le parc pour fumer, pour essayer de se calmer. Elle hésita, ne voulant pas manquer l'appel du médecin.

Elle se posa sur le bord de la chaise, prête à en jaillir comme un ressort dès l'apparition du neurologue. Mais les heures s'étiraient lentement, si lentement.

Luc et Alice apparurent enfin et elle se sentit moins seule. Elle leur expliqua la raison pour laquelle il fallait entendre avant de voir David. Ils s'assirent tous les trois et le silence se fit, chacun était perdu dans ses tristes pensées.

Au bout d'un temps qui leur sembla interminable, le médecin leur demanda de les suivre, les fit entrer dans une pièce et sans attendre, avec sur le visage une gêne bien visible, il dit :

« David est inconscient, cette nuit il a fait une "fausse route", ce qui a encombré ses poumons. Nous l'avons placé dans le coma pour ne pas qu'il souffre et mis sous respirateur artificiel… mais nous devons prendre une décision : le maintenir sous respirateur, en sachant que cet état ne durera que quelques jours, voire quelques semaines, que son coma est hélas irréversible… ou prendre la décision de débrancher la machine ».

Alice, Luc et Maty étaient suspendus aux paroles du médecin, et au fur et à mesure de ses explications, leurs visages se décomposaient.

« Mais c'est affreux ce que vous nous demandez docteur », dit Mathilde.

« Je sais Madame, mais David est hélas dans un état tel que même sous respirateur, son physique va se dégrader considérablement dans les jours qui viennent. Cela vous sera insupportable de le voir ainsi se détériorer aussi rapidement ».

« Mais comment pouvez-vous être aussi sur qu'il ne reprendra jamais conscience ? Pourquoi en est-il arrivé là, si vite, malgré la gastrotomie ? »

« Sa maladie était mortelle, Madame. Cet accident arrive très souvent, malgré toutes les précautions que nous prenons. David était déjà très atteint, il s'est étouffé dans ses propres sécrétions, nous n'avons rien pu faire. Son cerveau n'était plus irrigué pendant ce trouble de la déglutition, ce qui l'a gravement endommagé. Nous savons hélas, avec certitude, que cela est irréversible ».

« Que nous conseillez-vous Docteur ? » demanda Luc.

« De débrancher le respirateur, c'est la meilleure solution, même si elle vous paraît extrême. Nous ne pouvons plus rien pour votre père sur le plan clinique. Je suis désolé ! Je vais vous laisser quelques minutes pour en discuter et prendre une décision, que nous respecterons, soyez-en sûr ».

Le médecin sortit de la pièce. Ils se regardèrent tous les trois, abasourdis, accablés. Alice pleurait, Luc avait le visage ravagé de chagrin, Mathilde était hébétée, dans un épais brouillard qui menaçait de l'engloutir. Elle ne pouvait pas pleurer, sa gorge était si nouée, qu'elle pensa, un moment, qu'elle allait étouffer. Elle respira profondément et dit d'une voix cassée, qu'elle ne reconnut pas :

« Je ne peux pas prendre une telle décision je suis désolée, je vous laisse faire comme vous l'entendez, je manque de courage, je suis désolée ! je suis désolée ! » et elle s'effondra en larmes salvatrices, qui libérèrent un peu ce nœud qui l'empêchait de respirer.

Luc la prit dans ses bras.

« Tu n'as pas à être désolée, tu as tant fait pour mon père, ce n'est pas un manque de courage, calme toi ! »

Alice était assise, tête baissée, anéantie. Mathilde s'approcha d'elle et posa sa main sur son bras. C'était un geste instinctif, guidé par la compassion qu'elle ressentait pour cette femme qui, elle le savait, la détestait d'avoir brisé le couple qu'elle formait avec David. Contre toute attente, Alice posa sa main sur la sienne, releva la tête et lui sourit à travers ses larmes, comme pour la remercier.

Elles étaient deux ennemies réunies dans le même chagrin. Elles avaient aimé le même homme et cet homme était en train de mourir. Toutes leurs inimitiés étaient oubliées en cet instant dramatique.

« Il faut débrancher le respirateur, le médecin affirme que cela pouvait durer des semaines, que son physique allait se détériorer. Mathilde, tu ne pourras pas le supporter, tu es déjà si fatiguée, tu vas craquer ! » dit Luc d'une voix atone, cependant déterminée, comme pour se persuader lui-même de ses paroles.

Il avait pourtant raison, mais seraient-ils capables de prendre une telle décision, qui mettrait fin à la vie de David, malgré qu'il n'y eut plus aucune assurance quant à son retour à la conscience, sans parler d'une simple étincelle d'espoir quant à sa guérison ?

Maty ne pouvait plus parler, sa gorge était à nouveau serrée, les larmes inondaient son visage, elle fit juste un signe d'assentiment de la tête pour signifier qu'elle était d'accord avec lui. Alice fit de même, incapable également de prononcer le moindre mot. Luc soumit leur décision au médecin qui revenait. Il leur demanda de le suivre au chevet de David.

Quand ils arrivèrent dans la chambre, Luc poussa un cri « Oh, mon pauvre papa ! » Et il s'effondra en larmes.

Mathilde le prit par le bras, le fit sortir dans le couloir et l'invita à s'asseoir.

« Reste là quelques instants, pleure autant que tu veux, ne retiens pas tes larmes, au contraire, laisse sortir ton émotion, cela te fera du bien. Rejoins-nous dès que tu te sentiras mieux ».

Elle retourna vers Alice, qui était debout sur le côté du lit où reposait David. Elle se plaça de l'autre côté tout en demandant au médecin :

« Pouvons-nous lui parler Docteur ? Pensez-vous qu'il nous entende ? »

« Nous ignorons si les malades plongés dans le coma ont conscience de leur environnement, mais parlez-lui ».

« David, mon ange, nous sommes là, Alice et moi, nous t'aimons ».

Sa voix se cassa, la douleur était trop forte, elle ne pouvait plus prononcer une seule parole, alors, elle lui caressa le bras, le visage, ruisselant de sueur. La vie s'enfuyait de son corps. Elle l'épongea doucement. Elle éprouvait un besoin viscéral de s'occuper encore un peu de lui, avant qu'il ne parte pour toujours, encore quelques instants, pour oublier qu'il était en train de mourir, qu'elle ne le verrait plus jamais, se donner l'illusion qu'elle continuait de le soigner. Elle avait si bien pris soin de lui pendant ces derniers mois, en étant attentive à tout début d'étouffement. Elle l'avait confié au corps médical et voilà comment elle le retrouvait au bout de quelques jours seulement. Elle était sûre qu'il y avait une faute médicale, que le personnel soignant n'avait pas été assez attentif. Elle avait bien senti la veille que David était au plus mal. Malgré son angoisse, qu'elle avait clairement énoncée, personne n'avait été capable d'éviter le pire. Maty était en colère. Mais que pouvait-elle faire ? David allait mourir de toute façon, un peu plus tôt qu'il n'était prévu bien sûr. Était-ce si dramatique ? Peut-être cela lui éviterait plus de souffrances qu'il en supportait déjà. Elle voulait se consoler ainsi.

« J'espère que tu es serein mon ange, que tu ne souffres plus ».

Le médecin entra dans la salle et demanda :

« vous êtes prêts ? Pouvons-nous débrancher le respirateur ? »

Alice fit un signe d'assentiment.

« Cela peut-être long », expliqua le médecin.

« Nous attendrons ».

Et une épouvantable attente commença…

Plus les minutes s'écoulaient, plus le corps de David se couvrait de sueur. L'eau de son corps s'écoulait, la vie le quittait. Pour ne pas hurler sa douleur, Mathilde essuyait doucement son front, ses bras, sa poitrine. S'occuper pour ne pas s'écrouler ! se faire croire qu'il était vivant ! qu'il allait soudain ouvrir les yeux et lui sourire ! Elle comprit à cette seconde que plus jamais elle n'entendrait sa voix qu'elle aimait tant, cette voix si profonde et si virile, plus jamais il ne la prendrait dans ses bras rassurants et aimants. Son ange était en train de s'envoler. Elle l'imagina, telle une aile vaporeuse, en train de flotter dans la pièce, de leur sourire. Il avait rejoint son petit nuage. Son regard était rempli d'amour, de sérénité, pour leur dire adieu. Cette pensée soudaine allégea miraculeusement sa peine. Elle vola elle aussi, avec lui, quelques secondes, quelques minutes. Elle n'avait plus de corps, elle était une plume légère, délestée de sa douleur et souriait à David, et dans son sourire, et dans son cœur, il y avait un amour infini. Le même que David devait ressentir, libéré de son pauvre corps souffreteux, mais avec dans le cœur une paix retrouvée. Ce fut un instant fabuleux, hors du temps, comme un pansement sur sa blessure. La magie cessa soudain, la réalité reprit sa place. La main de Maty se posa sur la poitrine de David, qui se soulevait au rythme de sa respiration. Elle était chaude, vivante, le respirateur remplissait encore son rôle. Le corps de David était présent et cette présence était réconfortante. Qu'adviendrait-il après ? Quand il ne serait plus là ?

« Que vais-je devenir sans toi, mon ange ? »

C'était un cri, un cri rauque, s'achevant par un gargouillis infâme.

Alice leva la tête, la regarda avec un visage si triste, si torturé, que Maty regretta aussitôt d'avoir hurlé ces paroles d'amour.

Alice aimait David, elle aussi était malheureuse. Elle la comprenait si bien, elle qui vivait la fin de son amour avec Alexandre, exactement ce qu'avait vécu Alice quelques années auparavant quand David l'avait quitté. Elle se sentit soudain si proche d'elle qu'elle se leva, déposa un baiser léger sur sa joue, sans dire un mot, et Alice l'embrassa aussi.

« David doit être heureux de nous voir ainsi. Il l'est, crois-moi Alice, il ne souffre plus », dit Maty d'une voix assurée, voulant ainsi lui faire partager ce moment magique qu'elle venait de vivre et essayer d'alléger sa peine.

À travers ses larmes, Alice acquiesça et esquissa un sourire triste.

Luc vint les rejoindre, mais resta au pied du lit, à bonne distance, le visage baigné de larmes, les bras le long du corps, ballants. Son grand corps maigre était secoué de sanglots. Il redevenait, en ces heures dramatiques, le petit garçon qu'il avait été, assistant impuissant à la mort de son père. La détresse qu'il ressentait était si palpable que Mathilde en avait le cœur chaviré de chagrin.

Au bout de quelques heures, ils décidèrent tous les trois que c'était devenu un calvaire d'attendre que le cœur de David cesse définitivement de battre. Ils n'en pouvaient plus, cela était trop dur, inhumain. Ils refusaient de le voir mourir. Chacun à leur tour, ils embrassèrent David, lui murmurèrent leur amour, leurs mots d'adieu, puis ils quittèrent la pièce. Le médecin les réconforta, leur assurant qu'il téléphonerait dès que l'issue fatale arriverait.

Ils sortirent tous les trois, se retrouvèrent dehors, respirèrent à plein poumon l'air glacé de cette nuit du six décembre.

Noël serait bientôt là, mais David ne le verrait pas, lui qui aimait tant cette fête…

Mathilde se souvenait de leur dernier Noël ensemble. Ils avaient été invités chez la sœur de Mathilde, Caroline, à Toulouse. Les premiers signes de la maladie se manifestaient, mais David était si heureux de cette invitation, avec la famille de Maty. Dans l'après-midi, ils s'étaient rendus au marché de Noël, dans les rues de la ville.

David avait acheté un cadeau pour chacun des membres de la famille. Il voulait absolument donner une bonne impression de lui-même, être accepté par cette nouvelle cellule familiale, qu'il aimait déjà, à travers Mathilde.

Ses parents lui firent bonne figure, lui montrant ainsi qu'il était désormais un membre de la famille. David était heureux, Maty l'était aussi de le voir aussi épanoui. Elle bénit sa sœur d'avoir organisé cette fête, qui avait mis tant de baume au cœur de David. Il avait parlé longtemps de ce Noël, en souhaitant que l'année d'après, ils invitent tout le monde dans leur nouvelle maison. Mathilde avait trouvé que c'était une magnifique idée et David en avait été heureux comme un enfant.

Il avait fait tant de projets d'avenir, il avait fondé tant d'espoir dans sa guérison et il était en train de mourir, tout seul, dans cette chambre anonyme. Un poignard se planta dans son corps à cette pensée, la douleur la terrassa, comme si l'abominable réalité lui apparaissait soudain. Elle en eut un éblouissement si douloureux, qu'elle fut incapable de continuer de marcher et dû s'asseoir sur le rebord du trottoir. Luc et Alice se penchèrent vers elle, inquiets. Elle ne pouvait plus parler, les sanglots l'étouffaient. Il lui fallut quelques longues minutes avant de pouvoir à nouveau contrôler sa souffrance. Ni Luc ni Alice ne lui demandèrent ce qu'elle avait, ils savaient. Qui mieux qu'eux pouvaient comprendre ce qu'elle ressentait ? Ils l'entouraient juste de leur tendresse et cela suffisait.

Ils se dirigèrent vers leur voiture respective. Alice conduisait la sienne, Luc prit le volant du véhicule de Maty, qui se sentait incapable de conduire.

Environ une demi-heure après leur départ, son portable sonna.

« C'est le médecin à l'appareil, je vous appelle comme promis pour vous dire que c'est fini. Bon courage, Madame ».

« C'est fini », répéta-t-elle à Luc.

Ses mâchoires se serrèrent, mais il ne répondit pas, il n'y avait rien à dire.

Quand ils arrivèrent chez Mathilde, aucun des trois n'avait faim, ils ne prirent qu'un café.

« Il faudra partir tôt demain matin, nous avons rendez-vous à dix heures pour la mise en bière », dit Alice.

« Je ne viendrai pas, répondit Maty. Je ne veux pas le voir mort, froid ».

« Nous irons avec ma mère, ne te tourmente pas », la rassura Luc.

Après une nuit sans sommeil, Luc et Alice repartirent à l'hôpital, pour ce rendez-vous abominable que Maty était incapable d'honorer.

Elle se retrouva seule et cela lui fit du bien. Elle avait besoin de silence, la journée de la veille avait été trop éprouvante. Elle était consciente qu'elle allait vraiment se retrouver seule dans les jours à venir. La solitude lui avait toujours était insupportable. Quand Alexandre partait quelques jours, elle ne pouvait rester seule dans leur grande maison, elle dormait chez ses parents. Elle ne craignait pas d'être cambriolée, ou agressée par des malfaisants, elle avait des peurs d'enfants, redoutant les ogres, les fantômes, les monstres imaginaires.

Qu'éprouverait-elle quand Luc et Alice seraient partis ? Elle préférait ne pas y penser pour l'instant.

Il fallait gérer une heure de chagrin après l'autre, et pour l'instant, elle essayait de régenter sa douleur, de l'apprivoiser.

En fin d'après-midi, Luc et Alice revinrent.

« Tu as bien fait de ne pas venir, c'était très traumatisant. David avait beaucoup changé, il était comme desséché ».

« C'est normal, il a perdu tellement de sueur hier au soir », ajouta Luc.

Dans la soirée, Maty et Alice eurent une longue conversation dont le sujet était David. Mathilde eut l'impression que Alice découvrait l'homme qui avait été son mari pendant trente ans.

« Il n'était pas ainsi avec moi. Il était râleur, colérique, pas affectueux », s'étonnait Alice.

« Je suis désolée de te demander cela, mais, toi, étais-tu affectueuse envers lui ? »

Alice baissa la tête.

« Je ne sais l'être, on ne me l'a jamais appris, ma mère ne l'était pas avec moi ».

Elle se mit à pleurer.

La compassion envahit Mathilde, elle comprenait si bien sa douleur, ses regrets. Alice continua.

« De toute façon, David ne m'a jamais vraiment aimé, j'ai compris que c'est de toi qu'il a toujours été amoureux, qu'il ne t'avait jamais oublié. Si tu savais combien il a changé quand vous vous êtes retrouvés. C'est pour cette raison que j'ai été si horrible avec toi, et aussi avec lui. C'était insupportable de penser que je n'avais été qu'un pis-aller pendant toutes ses années ».

Ses paroles transpercèrent le cœur de Mathilde. David lui avait si souvent dit qu'il avait pensé à elle toutes ces années, qu'il avait essayé de la retrouver, qu'il avait été si malheureux quand elle lui avait écrit au Sénégal, pour lui annoncer son mariage.

Elle n'avait jamais vraiment cru ce qu'il disait, lui répétant inlassablement qu'il exagérait, que son souvenir d'elle était sublimé, parce qu'il ne s'était jamais rien passé entre eux pendant leur adolescence, que pendant les trente ans qui les avaient séparés, il n'avait que rarement pensé à elle, qu'il s'était marié, avait eu un fils.

« Comment peux-tu penser cela, Alice ? David t'aimait. Il était certainement amoureux de moi, quand nous étions jeunes. Mais ce n'était qu'un béguin d'adolescent. C'est avec toi qu'il a construit sa vie ».

« Il m'a certainement aimé, à sa façon, mais il n'a eu aucun scrupule à me quitter aussitôt qu'il t'a retrouvé. Tu sais, il n'a eu aucune émotion vis-à-vis de mon chagrin. Tout ce qu'il désirait, c'est de se retrouver seul, pour avoir l'opportunité de te voir aussi souvent que possible. Quand j'ai décidé de partir, à bout de chagrin, je n'ai senti aucune émotion chez David, au contraire, il n'y avait que du soulagement ».

Que répondre à cela ? Elle disait vrai. David n'avait pas hésité une seconde à se séparer de sa femme. Elle l'avait vu un peu perdu après cette séparation, mais ce n'était que de l'inquiétude par rapport à sa capacité d'effectuer les tâches ménagères, de préparer les repas, activités qu'il n'avait jamais pratiquées de sa vie.

Il lui téléphonait d'ailleurs souvent pour lui demander des conseils, qu'il avait très vite assimilés. Elle l'avait senti très serein très peu de temps après. Il lui avait si souvent répété que le jour où ils s'étaient retrouvés sur internet avait été le jour le plus heureux de sa vie. Elle riait quand il lui racontait cela, lui répondant toujours en se moquant qu'il exagérait, qu'elle ne le croyait pas. Elle savait maintenant que c'était certainement la vérité, que toute sa vie il avait pensé à elle, dans le secret espoir de la retrouver un jour, et quand ce jour était arrivé, il n'avait pas hésité à chambouler toute sa vie.

David lui avait prouvé son amour, en quelques années à peine, d'une manière éclatante. Mathilde regrettait de ne pas s'être montrée plus tendre avec lui, il le méritait tellement plus qu'Alexandre. Mais à quoi servaient les regrets maintenant ? Quoi qu'il en soit, elle n'avait pas été amoureuse de David comme elle avait pu l'être d'Alexandre. Il avait été un ami précieux, qu'elle aimait de toutes ses forces, avec une tendresse infinie. Il avait su faire vibrer son corps de plaisir, il lui avait fait connaître une jouissance qu'elle n'avait jamais connue, même pas soupçonné, juste avec des caresses, une sensualité à fleur de peau et l'amour au bout des doigts.

Il avait été un amant parfait, qui connaissait son corps mieux qu'elle-même ne le connaissait, il était son âme sœur, mais on n'est pas forcément épris de son âme sœur. Les sentiments n'obéissent qu'au cœur, et son cœur n'avait été amoureux que d'Alexandre, qui avait été son premier et son seul amour. Hélas, il n'avait pas compris ce qu'il représentait pour elle, son pilier, son nid, sa force mais aussi sa faiblesse, tant elle avait attendu de lui, qu'il n'avait pas su donner : une attention et une tendresse dont il n'était pourtant pas dépourvu, mais que sa pudeur imbécile se refusait à offrir, ou alors avec parcimonie et émaillée d'ironie blessante. Maty avait en elle un trop plein de sentiments inutilisés, qu'elle avait reportés sur David, qui les lui rendait au centuple. Elle n'avait, hélas, pas pu répondre avec feu à cet amour, tant son cœur était encore empli des sentiments qu'elle éprouvait pour son mari.

Alexandre était ce qu'il était et rien ne changerait cela, elle comprenait que son enfance misérable avait fait de lui cet homme fort, ambitieux, que l'extrême sensibilité dont il était pourvu quand il était adolescent avait fait la guerre à son arrivisme, à son orgueil qui lui ordonnaient de sortir de cette pauvreté dans laquelle il avait vécu depuis sa naissance. Il savait qu'il était capable de réussir, il voulait le prouver au monde, à Maty, qui ne lui avait rien demandé. À la force du poignet, avec un mental d'acier, il avait gravi l'ascension sociale avec succès. Mais, en chemin, l'effort qu'il demandait à son corps et à son cerveau avait été si intense, que sa sensibilité s'était effritée, que l'orgueil avait pris toute la place. Il avait semé derrière lui tous les autres sentiments, blindant son cœur d'une armure inaccessible, se retrouvant dépourvu de compassion, devenant cet homme juge et critique envers tous, même envers sa famille. Ce changement progressif, entre le jeune homme, qu'elle considérait comme un demi-dieu, capable de devenir un homme parfait, et l'adulte intransigeant qu'il était devenu, avait désenchanté Maty. Sa déception en avait été d'autant plus grande quand, au fil des années, ses failles étaient apparues, et qu'il s'était révélé imparfait, incapable de donner autre chose que le matériel, oubliant le sentimental, trop compliqué, trop prenant pour lui. Que d'années perdues à espérer un changement utopique au lieu de se contenter d'un Alex lacunaire. Quel gâchis !

Une autre nuit blanche se profilait à l'horizon, trop de pensées, de regrets, l'agitaient.

Le lendemain, le corps de David fut transporté au funérarium du bourg proche de leur habitation, à quelques mètres de la maison des parents de Mathilde, qui s'y rendit seule. Elle voulait se recueillir devant le cercueil, dire un dernier adieu à David, sans que personne n'écoute, et surtout pas Alice, devant qui elle ne souhaitait pas s'épancher, pour ne pas la blesser plus qu'elle ne l'était déjà. Alors elle parla à David. Elle lui demanda pardon de n'avoir pas su lui donner tout l'amour qu'il méritait, elle lui dit, avec une sincérité touchante, qu'elle l'avait aimé, pas comme il aurait désiré être aimé, mais d'un amour profond, elle le remercia d'avoir été sur sa route, une deuxième fois, et d'avoir fait d'elle une autre femme, une femme qui pouvait se respecter. Elle lui assura qu'elle avait été heureuse de s'occuper de lui et qu'elle ne l'oublierait jamais. Qu'il serait son ange à jamais.

Deux jours après, tout le monde se prépara pour la dure journée qui les attendait : la crémation de David.

Après le service religieux, tous les véhicules se dirigèrent vers le crématorium. David étant peu connu dans la région, peu de monde assistait à la cérémonie. Étaient présents quelques amis de Maty, dont Sylvie, ses enfants, ses sœurs, ses parents, les deux sœurs de David, trois de ses anciens collègues qui avaient fait le déplacement depuis Paris et Lucien, son ami d'enfance.

La cérémonie fut empreinte d'émotion. Éléonore lut un texte qu'elle avait écrit à l'attention de David. Un hommage qui bouleversa l'assistance, tant il était empreint de respect et d'amour. Maty fit de même, avec une voix si fêlée qu'elle se demanda si elle arriverait au bout de son oraison funèbre. Alice essaya de rendre hommage à David, mais sa voix se brisa et elle s'effondra en larmes. Les musiques choisies par Alice, Luc et Maty sans oublier la chanson fétiche de David envahissaient l'espace, rendant l'atmosphère douce et sereine, propice au recueillement.

Personne ne voulut assister au départ du cercueil dans le four crématoire. Chacun se retrouva dans le parc attenant au bâtiment funéraire. Maty, accrochée au bras de Sylvie, elle aussi très affligée. Elle avait connu David à la même époque que Maty, pendant leurs études, dans le même Lycée. Ils faisaient partie de la même bande de copains, au temps de l'insouciance, de la jeunesse et de la gaieté.

Mathilde était anesthésiée par le chagrin, sans force, dans l'impossibilité de pleurer, alors que les larmes étaient coincées quelque part au fond de sa gorge, de son ventre, et lui broyaient le cœur.

Les cendres de David furent récupérées le lendemain. L'urne fut placée sur la tombe de ses parents, qui se trouvait à quelques kilomètres de leur village, dans un petit cimetière verdoyant.

Alice et Luc repartirent. La maison fut à nouveau silencieuse. Maty s'aperçut, au cours des jours qui suivirent, qu'elle ne ressentait aucune angoisse de se retrouver seule, elle éprouvait, au contraire, un bien être tranquille et douillet. Elle pouvait laisser sa peine exploser, la couver, l'apprivoiser, l'adoucir avec des souvenirs attendrissants.

Ses deux chats lui tenaient compagnie et lui donnaient l'impression que la maison n'était pas vide :

Lina, sa vieille compagne était née dans son ancienne demeure. Maty l'avait amené avec elle quand elle en était partie. Lina s'était tout de suite adaptée à ce nouveau logis et s'était prise d'affection pour David, qui le lui rendait bien. Depuis, elle le cherchait, flairant l'endroit du canapé où il avait passé ces trois derniers mois, sans pratiquement en bouger.

Jules, le mignon chaton roux qu'elle avait adopté pendant l'hospitalisation de David, alors qu'il était âgé de trois semaines et qu'elle devait nourrir au biberon.

Les journées étaient souvent longues et tristes. L'hiver, qui n'en finissait pas, n'arrangeait pas le moral de Maty. Il n'y avait que les facéties de Jules qui la déridaient un peu. Ce chaton l'obligeait à se lever le matin, même quand elle n'en avait pas envie, qu'elle était lasse. Il miaulait pour réclamer son lait, elle devait s'en occuper. Elle se consacra corps et âme à cette boule de poil qui l'aida à ne pas tomber dans un grave état dépressif. Elle s'attacha à lui comme jamais elle ne s'était attachée à un animal.

L'hiver passa, rythmé par ses visites quotidiennes à ses parents, avec qui elle passait beaucoup de temps. Elle avait toujours été sereine avec eux. Elle s'épanchait dans leur giron, pouvait y pleurer sans honte.

L'entretien de sa maison, qu'elle continuait à astiquer, ponctuait ses journées, ainsi que les moments passés avec Jules, qui ne pensait qu'à jouer, qui avait le don de la faire rire, avec son espièglerie. Pourtant, le cœur de Maty était si triste, même si ses larmes s'étaient taries. Les jours s'écoulaient, puis les semaines, les mois. Elle se reposait, elle lisait, elle peignait. La peinture avait toujours été son passe-temps, son dérivatif, sa façon de s'évader dans un monde d'imagination colorée.

Petit à petit, une sérénité languissante envahissait tout son être. Elle se sentait bien chez elle, seule, libre. Elle n'avait jamais connu cette sensation d'être enfin devenue une adulte responsable, indépendante, qui utilisait son temps comme il lui plaisait.

Elle pensait toujours autant à Alexandre. Tout ce qu'elle entreprenait était fait dans l'espoir insensé qu'il débarque un jour devant sa porte, pour la féliciter de son courage, lui dire qu'il était fier d'elle et qu'elle lui manquait.

Elle rêvait de retrouvailles, seulement de retrouvailles. Elle ne souhaitait plus vivre avec lui, ne voulant pas recommencer ce qui avait été toutes ces années à ses côtés, elle aspirait à autre chose, à un autre début.

Au cours d'une conversation téléphonique avec sa sœur Caroline, elles décidèrent, d'un commun accord, de vivre ensemble. Caroline, qui habitait et travaillait à Toulouse, était seule depuis son divorce quelques années auparavant. Elle avait acheté un appartement qu'elle n'avait jamais vraiment apprécié et n'aspirait qu'à le quitter. Elle vendit donc son bien, déménagea quelques-uns de ses meubles dans la maison de Maty, qui poussa les siens, vendit les autres. Bien que la solitude ne lui pesait nullement, Maty était heureuse de cette future collocation. Le prix du loyer, de la nourriture et de tous les autres frais serait divisé par deux, ce qui apporterait, à l'une comme à l'autre, une meilleure qualité de vie.

À la fin de l'été, Caroline s'installa donc chez Maty. La maison était assez grande pour deux personnes. Il y avait même une troisième chambre pour recevoir leurs enfants réceptifs.

Caroline avait trouvé très facilement un emploi d'infirmière de nuit dans un hôpital proche. Elle commençait son travail à vingt heures et rentrait au petit matin, ainsi quatre nuits par semaine. Les jours où elle était en repos, les deux sœurs faisaient leurs courses ensemble, visitaient leurs parents ou allaient au cinéma. Les soirées où Caroline ne travaillait pas, elles mangeaient ensemble en papotant gaiement. Maty appréciait beaucoup ces moments de partage, Même si la solitude ne l'avait pas affecté ces derniers mois, elle avait toujours trouvé pénible de devoir manger seule et ne s'y était jamais vraiment habituée. Elle ne cuisinait plus et mangeait des plats déjà préparés. Elle adorait cuisiner, mais pas pour elle seule. Elle retrouvait avec bonheur cette activité qu'elle appréciait grandement.

Deux années passèrent ainsi, le temps faisait son œuvre, Maty s'épanouissait. Elle aimait sa maison, sa façon de vivre. Le souvenir de David était doux à son cœur, sa nostalgie était empreinte de moelleux. Elle s'y installait souvent, comme dans un petit nid douillet, pour évoquer la douceur de son sourire, de ses mains. Elle l'avait appelé « mon ange » le jour où il lui avait dit qu'il était sur un petit nuage depuis leurs retrouvailles, et c'est ainsi qu'elle le voyait, comme un ange qui était passé dans sa vie pour qu'elle sache enfin qui elle était, ce qu'elle était capable de faire, ce qu'elle désirait vraiment au fond de son cœur, et surtout ce qu'elle ne voulait plus. Un ange toujours présent à ses côtés, qui veillait sur elle, qui lui souriait, comme il lui avait souri pour lui dire adieu, qui la portait vers l'avenir, avec sérénité.

Quelques semaines plus tard, elle apprit par un ami d'Alex que ce dernier était souffrant. Il l'avait récemment rencontré et avait été étonné de sa mauvaise mine.

Aussitôt, elle s'inquiéta pour lui, comme elle s'était inquiétée pendant des années à son encontre. Une envie irrésistible de lui téléphoner la taraudait, mais elle hésitait, craignant l'accueil qu'il lui réserverait à coup sûr.

Finalement, dans un élan de courage, elle se décida un soir, où Caroline était à son travail, à composer son numéro, non sans trembler.

« Bonsoir, c'est moi, je voulais juste savoir comment tu allais ».

Silence au bout du fil… Le cœur de Maty battait la chamade, Alex allait probablement lui raccrocher au nez.

« … »

« J'ai rencontré Thierry il y a quelques jours, il ne t'a pas trouvé très en forme, alors je m'inquiète… Tu sais bien que je me suis toujours inquiétée pour toi et tu vois, ça continue ! »

Elle émit un rire bête, pour cacher sa gêne. Toujours pas de réponse. Pourtant il était toujours là, puisqu'elle n'avait entendu aucun « bip » de fin de communication.

« Je suis triste que nous soyons fâchés, que tu m'en veuilles toujours autant après toutes ces années… J'aimerais que nous ayons des rapports plus sympas, ça serait mieux pour nos enfants et nos petits-enfants… ».

Son débit de paroles était abondant et rapide, pour conjurer son appréhension qu'Alex coupe brutalement la communication.

« Voilà, c'est tout, je voulais juste avoir de tes nouvelles »

« J'arrive ».

Et le « bip » de fin se fit entendre.

Maty se retrouva toute bête, son portable muet dans la main. Elle posa machinalement le téléphone sur la table, complètement abasourdie par ce qu'elle venait d'entendre.

« Comment ça j'arrive ? Il ne sait même pas où je suis, il n'a même pas demandé si j'étais seule ou si Caroline était là. Sait-il seulement que je vis avec ma sœur ? »

Elle était sidérée de la réaction d'Alexandre, ce n'était pas dans ses habitudes, lui si incisif d'ordinaire. Là, il lui avait répondu d'une voix calme, presque triste. Mais avait-elle vraiment bien compris ce qu'il avait dit ?

Elle en doutait maintenant.

Elle n'eut pas à se poser longtemps la question, un quart d'heure plus tard, elle entendit crisser les graviers dans l'allée devant chez elle, la « Défender » d'Alexandre se gara devant la porte.

La sonnette retentit et le cœur de Maty s'emballa.

Devant la glace de l'entrée, elle remit rapidement de l'ordre dans ses cheveux, sans même regarder son visage et ouvrit la porte. Elle se retrouva face à un Alex au visage fermé, au corps raide comme un piquet.

Elle ne put prononcer aucune parole, s'effaça pour le laisser entrer.

Il ne regarda pas autour de lui, n'admira pas le décor bucolique du salon, ne dit pas un mot, ni pour complimenter, ni pour critiquer.

D'une voix chevrotante, elle l'invita à s'asseoir.

« Veux-tu un café ? ou autre chose ? »

« Un café, oui », accepta-t-il laconiquement.

Elle brancha la « Senséo », mis une capsule, fit couler le café dans une jolie tasse orange, sa couleur préférée, coupa un morceau de sucre en deux, machinalement, comme dans ses souvenirs, et posa la tasse devant Alex.

Il le but immédiatement. Il avait toujours apprécié le café brûlant, elle n'avait toujours pas compris, au cours de toutes ses années, comment il pouvait l'avaler aussi chaud.

« Alors, comment vas-tu ? » demanda-t-elle, pour rompre le silence qui devenait gênant.

« Ça va », répondit-il toujours aussi brièvement.

Elle le reconnaissait bien là, pas de mots inutiles et surtout pas d'épanchement.

Elle sourit : « couci-couça ? »

Cette expression bêtasse avait été un jeu entre eux pendant si longtemps. Quand elle voulait savoir s'il allait bien ou mal, elle demandait toujours « couci-couça ? » couci signifiant bien et couça mal.

Il esquissa un demi-sourire qui n'atteignit pas ses yeux :

« Plutôt couça »

« Oui, je m'en doute, tu tousses beaucoup m'a-t-on dit, et depuis pas mal de temps. Tu te soignes ? »

« Mais oui, j'ai pris un traitement antibiotique quelques jours, mais c'est revenu »

« Eh oui, comme d'habitude, que quelques jours, c'est-à-dire deux ou trois, et dès que tu te sens mieux tu arrêtes ».

« Ça ira ! »

Même réponse sèche et brève, qu'elle avait toujours entendu de sa part. Elle retrouvait le même Alex, celui qui ne se racontait pas, qui voulait montrer aux autres qu'il était fort, qui avait érigé une carapace si épaisse que nulle faille n'apparaissait jamais.

Il n'avait pas changé, ces trois dernières années ne l'avaient pas fait évoluer vers plus de volubilité. Elle savait maintenant qu'elle ne souhaitait plus vivre avec lui, mais elle s'apercevait qu'il lui plaisait toujours autant, malgré les rides qui sillonnaient son visage. Le seul amant qu'elle désirait, c'était lui. Avoir pour amant son ex-mari ! recommencer à le charmer ! à être sensuelle ! à vivre des moments torrides. Cette idée lui plaisait énormément, faisait battre son cœur plus fort, électrisait son corps endormi depuis de longs mois.

Sa sensualité s'était réveillée sous les caresses de David, elle s'était endormie pendant sa maladie, mais elle savait Alex capable de la réveiller. D'autant plus qu'il était le seul dont elle avait été véritablement amoureuse. Sa panne de libido ne provenait que du comportement si peu sentimental d'Alex. Elle s'était éloignée de lui, jusqu'à n'avoir plus aucune envie de rapports sexuels. Mais son cœur était toujours à lui, elle savait qu'elle ne serait à nouveau capable d'érotisme qu'avec lui. Elle en avait fait l'expérience lors de leurs rares mais torrides rapports sexuels avant leur séparation.

Elle se prenait à rêver : l'avenir leur réserverait peut-être des moments intenses, ils redécouvriraient ensemble, l'envie d'étreintes ardentes, au creux d'un même lit, mais pas le leur.

Elle ne montra rien de son état d'esprit actuel, rien ne devait transparaître !

Ils discutèrent encore quelques heures, de tout et de rien, comme deux étrangers qui font connaissance. Elle lui raconta sa collocation avec sa sœur, lui expliqua qu'elle travaillait de nuit quatre fois par semaine, l'informant ainsi, sans en avoir l'air, qu'elle-même se retrouvait seule et libre quatre soirs par semaine. Elle espérait qu'il comprendrait ainsi qu'il pouvait l'appeler à ces moments sans que personne ne soit au courant. Vers minuit, Alex se leva pour partir.

« Tu reviens quand tu veux tu sais, tu peux même venir dîner un soir. Tu m'appelles si tu en as envie, cela me ferait vraiment plaisir ».

« OK », répondit-il en baissant la tête.

Et il partit.

Elle resta longtemps songeuse. Il n'y avait pas eu d'effusions de tendresse, mais elle ne s'y attendait aucunement avec Alex. Elle ne s'attendait à rien d'ailleurs et à tout en même temps. Elle avait été si étonnée par sa venue qu'elle n'avait rien imaginé, ni à ce qu'il lui ouvre les bras et lui pardonne, ni à ce qu'il lui fasse des confidences.

Au cours des jours qui suivirent, elle ne parla à personne de cette visite, même pas à sa sœur à qui elle confiait pourtant tous ses secrets. Mais elle avait tellement critiqué Alex devant Caroline, qu'elle aurait eu honte de lui avouer qu'elle lui avait téléphoné et même invité. Cela ne regardait qu'Alex et elle. S'il décidait d'en parler, ça serait son choix. Quant à elle, elle garderait ce secret au fond de son cœur, comme un trésor. Elle comprit très vite qu'il ne s'était confié à personne, même pas à leur propre fils, avec qui il travaillait pourtant tous les jours. Ce dernier lui en aurait parlé. Cela n'étonna pas Maty, elle connaissait assez Alex pour savoir qu'il était très discret, que le fait d'avoir rendu visite à sa femme, qu'il avait critiqué si méchamment depuis leur séparation, pour mieux se convaincre qu'elle était mauvaise, afin de n'éprouver aucun regret quant à leur rupture, était pour lui une honte, une faiblesse, qu'il ne fallait surtout pas raconter, de crainte de passer pour une marionnette, mot qu'il employait souvent pour définir ceux que l'on pouvait manipuler à sa guise, pour qui il avait du mépris.

Un mois plus tard, vers vingt et une heures, son téléphone portable sonna, le prénom d'Alex s'afficha sur l'écran. Le cœur de Maty s'affola.

« Oui ? »

« C'est moi, tu m'as dit que je pouvais venir manger, tu es toujours d'accord ? »

Elle réfléchit très vite, calcula que le lendemain soir Caroline partait travailler vers vingt heures trente.

« Bien sûr, viens demain soir vers vingt et une heures si tu es libre. »

« OK ».

Elle était tout excitée. Qu'allait-elle lui faire ? Du poisson peut-être, il adorait cela.

Elle décida de cuisiner une « chiconnade ». Cette recette était une spécialité du Nord de la France, mélange d'endives, que les gens du Nord appellent des chicons, avec du poisson et des fruits de mer. Maty la tenait de son ami Arth…

… Arth, l'ami fidèle, qu'elle avait rencontré, à la terrasse d'un bar d'une station balnéaire, où se trouvait la maison secondaire de Alex et Maty. Ils y séjournaient durant les vacances d'été. Depuis qu'elle était séparée d'Alex, Maty y allait au mois de juillet, lui au mois d'août. C'était le dernier été de David, il se reposait à la maison pendant qu'elle faisait quelques courses. Tous les après-midi, elle venait seule dans ce bar, prendre une tasse de café. Elle oubliait quelques instants l'enfer qu'elle vivait à travers la maladie de David. Elle regardait la foule, gaie et colorée, déambuler sur l'avenue baignée de soleil. Son regard fut attiré par un homme d'une soixantaine d'années, grisonnant, un peu bedonnant, portant une courte barbe blanche. Il se promenait avec ses deux chiens en laisse, un superbe berger allemand et un petit fox-terrier adorable.

Il se dirigea vers le café, cherchant visiblement une place. Mais la terrasse du bar était envahie par les touristes attablés. Il passa près de Maty qui s'exclama :

« Vos chiens sont magnifiques ! »

Il la remercia d'un sourire.

Elle aima son sourire un peu triste. Sa bonhomie donnait à l'ensemble du personnage une impression de quiétude.

« Vous cherchez une place ? »

« Oui, mais je crois qu'il n'y en a plus, hélas ! »

« Vous pouvez vous asseoir à ma table, si vous voulez ».

Il ne se fit pas prier, la remercia chaleureusement et s'installa à ses côtés.

« Je m'appelle Guy-Arthur », se présenta-t-il en lui serrant la main d'une poigne franche et solide.

« Je m'appelle Mathilde, mais tout le monde m'appelle Maty », répondit-elle.

La conversation s'engagea avec facilité, comme s'ils s'étaient toujours connus. Ils commandèrent plusieurs cafés et restèrent ainsi pendant deux heures, se racontant leur vie. Quelques mois auparavant, Arth s'était brusquement retrouvé veuf. Si ces deux chiens n'avaient pas été présents, il aurait sombré dans un profond désarroi. Cette histoire émut Mathilde. Elle était loin d'imaginer pourtant qu'elle vivrait la même avec son chaton Jules et sa chatte Lina quelques mois plus tard. Elle comprit ce sourire triste qui avait attiré son attention. À son tour, elle lui raconta l'horreur de la maladie de David. Il compatit, avec une gentillesse naturelle et l'empathie d'un homme qui souffrait. Leur douleur réciproque les liait spontanément, sans ambiguïté, sans jeu amoureux. En se quittant, ils échangèrent leurs coordonnées téléphoniques en se promettant de garder le contact.

Durant les mois qui suivirent, la maladie de plus en plus envahissante de David prit tout son temps à Maty. Le chagrin de sa mort l'anesthésia quelques semaines. Il n'y eut entre Arth et elle que quelques appels téléphoniques.

Il comprit vite que son deuil était encore trop frais, qu'elle ne désirait pas qu'il l'ennuie avec ses appels répétés, les espaça, et les interrompit.

Le dix janvier, jour de son anniversaire, elle reçut un colis. Elle l'ouvrit et découvrit un assortiment de bonbons et de gâteaux, provenant d'une confiserie réputée de Lille. Un « bon anniversaire » bref, griffonné sur un bristol, lui fit se demander qui de ses amis pouvait être si mystérieux. Elle téléphona à tous, et chacun assura que ça ne venait pas de lui. Une idée morbide lui vint :

« C'est "l'autre" qui m'envoie ces gourmandises Elle doit encore ressentir de la jalousie et veut m'empoisonner », s'affola-t-elle.

« Tu deviens cinglée ma pauvre fille », se sermonna elle. Soudain, une idée lumineuse lui traversa l'esprit. Elle se rappela que Guy-Arthur, qu'elle avait rencontré l'été dernier, avait mentionné dans la conversation qu'il était originaire de Lille. Elle lui téléphona :

« Bonjour, ça fait longtemps que je n'ai pas appelé. Tu te souviens quand même de moi ? »

« Bien sûr, comment vas-tu ? Je suis ravi que tu m'appelles ».

« Ma question va peut-être te paraître bizarre, mais m'aurais-tu envoyé un colis, par hasard ? »

« Est-ce que cela t'a fait plaisir ? » questionna-t-il en riant.

« Énormément, mais le message n'était pas très explicite, et je me suis vraiment posé des questions quant à la provenance de ce cadeau. Puis j'ai pensé à toi », expliqua-t-elle.

« C'était le but, que tu te souviennes de moi. Le but est atteint, je suis très content », ajouta-t-il avec humour.

À partir de ce jour, ils se téléphonèrent souvent, s'invitèrent, tantôt chez l'un, tantôt chez l'autre. Maty se sentait bien avec lui. Elle comprit très vite qu'il éprouvait un sentiment autre que l'amitié qu'elle avait pour lui, mais elle agissait comme si elle ne comprenait pas. Il n'y avait pas de place pour l'amour dans sa vie. Elle aimait sa présence, sa bienveillance, son intelligence et ne désirait que son amitié. Son cœur était hermétique à d'autres sentiments, il avait trop souffert, il pansait ses plaies et la cicatrisation n'avait même pas commencé.

Au fil du temps, il comprit qu'elle n'était pas prête, qu'elle était encore trop malheureuse de la mort de David. Il devint donc le parfait chevalier servant, aimable, charmant, attentionné et leur relation, déjà très agréable, s'en trouva améliorée…

… « C'est ce soir qu'Alex vient dîner », se répétait-elle avec fébrilité, toute la journée, en cuisinant à nouveau pour lui.

Quand il arriva, toujours aussi guindé, sans un sourire, elle l'invita à s'asseoir et lui servit un Porto avec quelques cacahuètes. La conversation était difficile, ils échangèrent des banalités, puis ils passèrent à table.

Elle l'observait pendant qu'il mangeait, le trouva pâle. Il avait une mauvaise toux qui semblait le fatiguer.

« Tu tousses encore beaucoup ! »

« Oui, cette saleté de bronchite n'arrive pas à passer ».

« J'ai appris que tu jouais au squash depuis quelque temps, je trouve que ce n'est pas très raisonnable avec ton cœur fragile. Tu sais que c'est un des sports les plus violents qui soit pour les cardiaques. »

« Il faut bien mourir de quelque chose ».

Ça, c'était sa phrase favorite, lancée comme par bravade, malgré la peur qu'il avait de la mort, tout en affirmant le contraire.

« Oui, c'est évident, on meurt tous de quelque chose un jour ou l'autre, mais c'est encore un peu tôt, tu ne trouves pas ? »

« J'ai bien vécu, et j'ai envie d'en profiter encore, mais si ça doit arriver, ça arrivera ».

Que répondre à cela ? Elle ne répondit pas. Elle le connaissait par cœur, et savait que dans ces moments-là, il était inutile d'insister, qu'elle parlerait à un mur, qu'ils finiraient par se disputer, ce qu'elle voulait éviter à tout prix. Elle ne voulait surtout pas lui montrer la Maty d'avant son départ, celle qui devenait hystérique, qui hurlait, qui pleurait, qui suppliait, en vain. Elle voulait qu'il la voie telle qu'elle était devenue, plus calme, plus posée.

« tu es heureux ? »

Il la regarda longuement, avec sur le visage un air à la fois étonné et ironique. Elle connaissait par cœur cette expression. C'était celle qu'il avait quand une question le désarçonnait mais qu'il ne voulait pas le montrer. Il répondit :

« J'essaie de faire avec ce que j'ai ».

« Ce n'est pas si mal, finalement ce que tu as : une maison, un travail qui rapporte bien, une femme qui t'aime et une liberté retrouvée ».

« Une femme qui m'aime ? »

« Ben oui ! je suppose que ta copine t'aime ».

« Oh ! Elle… sûrement… elle voudrait que nous vivions ensemble »

Maty reçut un coup de poing dans l'estomac en entendant cela, mais elle s'obligea à garder un visage impassible.

« C'est bien, et toi, tu en as envie ? »

« Je sais pas. Elle me propose d'aller vivre dans sa maison, dans un village à quelques kilomètres d'ici, mais… je ne sais pas ».

En disant cela il la regarda intensément comme si, de sa réponse, allait dépendre sa décision.

« C'est ton choix ».

Elle avait répondu du tac au tac, sans y réfléchir, employant l'expression qu'il avait utilisée le jour où elle attendait fébrilement sa réaction, quand il lui avait demandé si elle était amoureuse de David. Mais s'en souvenait-il ? S'était-il seulement rendu compte que cette réponse l'avait anéantie ? Probablement pas, puisqu'il n'eut aucune réaction particulière. Elle continua :

« Soit, tu as envie de vivre avec elle, soit de vivre seul, comme tu m'as toujours dit, puisque tu es, soi-disant, un loup solitaire. Mais si tu décides de vivre avec elle pour ne plus être seul, ce n'est pas une bonne idée ».

« Nous avons le sport en commun, des projets de courses. Mais bon… »

Il s'arrêta sur ces deux mots, mis en suspens, regarda intensément Maty et continua :

« Je sais pas… mais c'est dur d'être seul ».

Il continuait de la scruter, comme s'il attendait de l'aide de sa part, ce qu'elle trouva étrange, car il n'était pas homme à demander conseil quand il avait pris une décision.

« Sûrement, mais il faut que tu saches une chose, jamais plus je ne reviendrais vivre dans notre maison, je te dis ça parce que je le pense profondément, même si toi tu n'y songes même pas, je tenais à te le dire ».

Son visage déjà pâle devint couleur craie. Voilà enfin la réaction qu'elle avait attendue des années auparavant. Elle ne prit pas le temps d'analyser son ressenti, car elle regretta aussitôt ses paroles et ajouta :

« Mais je serai ravie que nous continuions à nous voir de temps en temps, si cela te fait plaisir. N'avions-nous pas décidé, un jour, en discutant, que nous deviendrions peut-être les meilleurs amis du monde », ajouta-t-elle d'une voix qu'elle voulait enjouée et espiègle, pour atténuer ses paroles précédentes.

Il ne répondit pas mais sourit d'un air triste, montrant ainsi qu'il se rappelait bien cette décision qu'il avait prise, sans hélas, en tenir aucun compte.

Ils continuèrent à bavarder tout en dégustant le dessert, puis le café. Alex parlait de son travail, comme il savait si bien le faire, comme il l'avait toujours fait. Elle l'écoutait, absorbée, voulant lui prouver qu'elle avait changé, qu'elle était capable d'être plus attentive et plus adulte qu'elle ne l'avait été dans le passé.

La soirée se termina assez tard. Elle était heureuse de ces retrouvailles qui s'étaient, somme toute, bien passées. Ils n'avaient échangé que des banalités polies, hormis les quelques confidences qu'il lui avait faites. Ils n'avaient pas abordé le sujet du partage de leur patrimoine, mais ils ne s'étaient pas disputés. Ils étaient redevenus, le temps d'une soirée, deux inconnus qui se rencontrent, s'apprécient et font connaissance.

« Tu reviens quand tu veux, tu seras toujours le bienvenu ».

Pour la première fois, il sourit. Ce n'était pas son habituel sourire ironique, mais un sourire tendre et un peu triste. Et cette transformation sur son beau visage remplit Maty de joie.

Ils ne s'embrassèrent pas, même pas sur les joues. C'était encore trop tôt, ils avaient l'avenir devant eux pour se redécouvrir.

Elle repensa souvent à cette soirée, se demandant si elle était toujours amoureuse d'Alex ou si c'était simplement sa présence si familière qui lui procurait autant de plaisir. Elle ne savait pas. La maladie, puis la mort de David l'avaient changée. Son cœur s'était endurci. Elle savait seulement, au plus profond de son âme, qu'en effet, plus jamais elle n'aspirerait à vivre aux côtés d'Alex. Elle ne voulait en aucun cas reprendre leur vie d'avant leur rupture. Elle aspirait à du renouveau, pas à du « réchauffé ». Elle rêvait de sexualité, de lascivité, de folie, avec lui, surtout pas d'une vie commune et banale, ce qu'elle ne manquerait de redevenir au bout de quelque temps. Le quotidien créait la banalité, elle la refusait de toutes ses forces.

Elle s'avouait aussi que la perspective de supplanter « l'autre » dans le cœur d'Alex était jouissive, peut-être même plus que tous les fantasmes qu'elle nourrissait. Même si elle avait compris maintenant qu'il n'était pas amoureux de « l'autre » ce serait, elle, Maty, l'ex-femme, qui deviendrait l'amante. Même si Alex lui avait avoué, un jour, au cours d'une dispute avant leur séparation qu'il n'aimait pas « l'autre » comme il l'avait aimé, elle, elle ne supportait toujours pas qu'il la fréquente. Elle ne voulait plus vivre en couple avec lui, mais elle exécrait l'idée qu'il puisse envisager, même fugacement, une vie commune avec « l'autre ».

Tous ces sentiments complexes tournèrent dans sa tête pendant deux semaines, jusqu'à ce que Guy-Arthur, qu'elle avait surnommé Arth, l'invite à une escapade à Cannes. Elle sauta de joie, ce voyage lui changerait les idées, elle ferait en sorte d'éviter de penser continuellement à Alex.

Elle devait partir le lendemain, il était vingt heures trente, elle remplissait sa valise en prévision de ce voyage. Sa sœur Caroline était présente ce soir-là. Elles discutaient quand le téléphone sonna. Maty décrocha, c'était sa fille :

« Maman, il faut que tu sois courageuse ! Papa a fait un malaise tout à l'heure, en jouant au squash avec son ami Marc. Les pompiers sont en train d'essayer de le réanimer. Matthieu est avec lui ».

Elle sut, à ce moment précis, que jamais Alex ne reviendrait à la vie, qu'il était déjà mort. La douleur physique qu'elle ressentit la plia en deux. Elle fut incapable de répondre, le souffle coupé.

« Maman, tu m'entends ? »

« … »

« Maman, tu es là ? »

« Il est mort n'est-ce pas ? tu peux me le dire ».

« Mais non, je te dis qu'ils essaient de le réanimer ».

« Je sais qu'il est mort ma chérie, j'en suis certaine ».

« Arrête de dramatiser Maman, calme-toi, je te rappelle dans un moment ».

Caroline, alertée par le silence soudain et ne voyant pas Maty revenir, se dirigea vers elle. Elle la vit recroquevillée sur elle-même, comme un boxeur ko.

« Qu'est-ce qui se passe ? »

« C'était Léo ! Alex est mort, j'ai mal, si tu savais comme j'ai mal. »

Caroline, qui était infirmière, ne perdit pas de temps en vaines paroles. Elle lui fit avaler une pilule décontractante. Au bout d'un quart d'heure, Maty en ressentit les bienfaits. Le chagrin était toujours là, mais elle ne ressentait plus cette déchirure si douloureuse, qui avait paralysé son corps. Elle était cependant incapable de bouger, elle était hébétée. Elle avait si souvent redouté ce moment, et son pire cauchemar était là. Les rêves de ces dernières semaines étaient réduits à néant. Plus de fantasmes, plus de rêves de retrouvailles sensuelles. Alex était mort, elle n'entendrait plus jamais sa voix, ne contemplerait plus son visage, qu'elle aimait tant, elle vivrait le reste de sa vie sans lui. Cette immensité déserte lui sembla soudain comme une étendue sans fin, un gouffre dans lequel elle était en train d'être engloutie. Cette idée de jours, de mois, d'années sans la présence d'Alex quelque part menaçait son pauvre cerveau d'anéantissement.

Caroline s'occupa de tout. Elle téléphona d'abord à Arth pour lui annoncer l'horrible nouvelle et lui dire que le voyage à Cannes ne se ferait pas. Puis elle appela leurs parents, en essayant de leur présenter cet événement dramatique avec beaucoup de précautions, car ils étaient âgés, ajoutant qu'elles allaient venir chez eux aussitôt.

« Que t'a exactement dit ta fille, que s'est-il passé ? » questionna Caroline.

« Elle m'a dit qu'Alex était en train de jouer au squash, qu'il avait eu un malaise et que les pompiers étaient en train d'essayer de la réanimer »

« Il n'est pas mort alors ! » s'exclama Caroline.

« Bien sûr qu'il est mort, je le sais, je le sens ».

À ce moment précis, Éléonore rappela et confirma la mort d'Alex, après quarante minutes de vaine tentative de réanimation. Matthieu était à ses côtés, prévenu par Marc. Pourquoi son fils ne lui avait-il pas demandé de venir ? N'avait-il pas eu besoin d'elle pour partager sa douleur ?

Elle espérait de toutes ses forces qu'il n'ait pas prévenu « l'autre », ce n'était pas sa place, elle n'était rien. Maty aurait tellement souhaité être présente lors du décès d'Alex, le toucher une dernière fois, lui dire qu'elle l'aimait, qu'elle l'avait toujours aimé, qu'elle savait qu'elle l'aimerait toujours. Elle aurait tant voulu qu'il ait, hors de son corps, cette dernière image d'elle-même, auréolée d'amour pour lui. Elle avait lu tant de témoignages de mort imminente, elle y croyait. Cet amour immense et ce bien-être ressentis, l'accueil des chers disparus qui vous tendent les bras, au bout d'un long tunnel lumineux. Elle avait goûté quelques secondes à cette plénitude, lors du départ de David. Elle serait privée de cette émotion pour Alex, et cela lui brisait le cœur.

Elle ne savait même pas où il se trouvait en ce moment, si « l'autre » était à ses côtés. Cette idée lui était insupportable. Cela voudrait dire que son fils ou sa fille avait appelé « l'autre », qu'ils estimaient plus importante que leur propre mère. Non, jamais ils ne feraient une chose pareille, c'était impensable, elle s'en voulait d'y avoir songé.

Mille pensées tournaient dans sa tête, dans la voiture conduite par sa sœur, vers chez leurs parents. Son cerveau devenait fou, son corps était tétanisé. Pour la première fois de sa vie, elle éprouvait une sensation d'arrachement, comme si on venait de l'amputer d'une partie d'elle-même, son cœur, son ventre, elle ne savait pas.

Leurs parents étaient bouleversés par la mort d'Alex. Ils le connaissaient depuis son adolescence et le considéraient comme un fils. Les bras de sa mère se refermèrent sur Maty

« Ma pauvre chérie, je suis si triste pour toi ».

Sa mère savait à quel point elle aimait Alex, combien elle devait souffrir de cette mort soudaine. Cette manifestation de tendresse spontanée, qu'elle eut ce soir-là, lui fit un bien immense, car elle n'était pas coutumière du fait.

Cette nuit-là, Maty ne dormit pas, elle pleurait doucement, sans sanglots. Elle n'arrivait pas encore à accepter le décès d'Alex, son cerveau, bien qu'ayant assimilé la nouvelle, se refusait à l'admettre.

Elle me serra contre elle, moi, Michka, son confident, son ami fidèle. Je pouvais tout entendre. Elle ressassa les souvenirs de sa vie commune avec Alex. Les bons, comme les mauvais. Elle les débitait en vrac. Tous les espoirs qu'elle avait nourris, toute la colère qu'elle avait accumulée, tout cet amour qu'elle avait éprouvé pour Alex, tout cela était terminé, fini à jamais, elle vivrait le reste de sa vie sans lui, lui qui avait été son cocon, son pilier, son chêne protecteur, qu'elle pensait si robuste, que rien ni personne ne pouvait l'abattre. Il était quelque part, sur une table froide, son corps devenant rigide et froid, lui qui avait la peau si chaude, cette peau contre laquelle elle se lovait si souvent. Elle évoquait ces moments si doux, les dimanches matin, quand il restait un peu plus longtemps dans le lit à ses côtés. Elle collait son ventre contre son dos, entourant son corps de ses bras. Ces instants-là étaient magiques, si tendres, qu'elle pouvait en ressentir, encore à cet instant, l'apaisement qu'elle éprouvait, cette chaleur réconfortante qui l'envahissait et qui aurait pu durer une éternité sans qu'elle sans lasse.

Elle voulait ne plus pleurer, elle ne pouvait pas. Elle se força à raconter les mauvais souvenirs, quand il était si dur avec leur fils, si critique envers les autres, si intransigeant, que rien ni personne ne trouvait grâce à ses yeux, sa façon d'affirmer qu'il avait toujours raison, en se moquant et en ignorant les conseils et les mises en garde.

« Voilà où cela t'a mené Alex, tu es mort. Toi qui rêvais de devenir un patriarche à la barbe blanche, entouré de tes enfants et petits-enfants, tu ne connaîtras jamais cela ».

La colère montait en elle, mille fois plus bénéfique que le chagrin, puis retombait, la replongeant dans l'horrible réalité.

« Michka, il n'est plus là, il ne sera plus jamais là, comment vais-je pouvoir vivre sans lui ? »

« Mon cœur en peluche était déchiré par tant de chagrin. Je la regardais avec mes yeux ronds et tristes qu'elle mouillait de ses larmes », pleurait Michka.

Dès le lendemain, elle se rendit au funérarium où reposait le corps d'Alex. Dans la salle se trouvaient ses sœurs et sa mère.

Maty les embrassa et se tourna vers Alex. Il était beau, comme endormi.

Elle l'avait si souvent regardé dormir.

« Il dort ! il va se réveiller ! Rire de sa bonne blague ! Nous dire que sa fausse mort n'était faite que pour tester notre amour ! »

Elle prit sa main, elle était glacée, dure, comme un bloc de glace. Elle déposa un baiser sur sa joue, tout aussi froide. La vie l'avait vraiment quittée, il ne se réveillerait pas, ce n'était pas un canular, c'était la réalité, inconcevable, abominable.

Les larmes coulaient sur les joues de Maty, des larmes de pur chagrin, de détresse, des larmes qui ne soulageaient pas sa douleur, comme celles qu'elle avait versées sur David. Sa poitrine était si serrée, qu'elle crut un moment qu'elle allait mourir. Elle expulsa l'air de ses poumons broyés, et d'une voix méconnaissable, dit :

« Je t'aime Alex, je t'ai toujours aimé. Je sais que tu as douté, mais maintenant tu sais. Je n'ai aimé que toi, tu es le seul amour de ma vie ».

Elle avait parlé à voix haute, ayant oublié un instant ceux qui l'entouraient. Elle entendit les sanglots de ses belles-sœurs et de sa belle-mère.

« Il savait que tu l'aimais », consola Marianna, une des sœurs de Alex.

Maty resta un long moment aux côtés de Alex, ne pouvant détacher ses yeux de son beau visage reposé. Elle lui parlait dans sa tête, en voulant désespérément qu'il l'entende. Puis elle partit. Elle se rendit chez ses parents, elle avait besoin de leur réconfort, besoin de parler de lui avec eux. Pendant des heures, malgré la tristesse, ils évoquèrent des souvenirs, ils pleurèrent, ils rirent, se rappelant certaines anecdotes le concernant. Quand elle quitta ses parents, elle se sentait un peu plus apaisée.

Le lendemain, Éléonore s'installa chez Maty et Caroline, dans l'attente de l'enterrement de Alex. Elle n'avait pas voulu jusqu'alors voir son père, elle en avait envie, mais la peur la paralysait. De plus, c'était le jour de ses trente ans, et son chagrin en était accentué.

Le lendemain, jour de la mise en bière, Matthieu et Maty prirent chacun Léo par un bras, voulant l'amener devant la dépouille de son père. Quand elle le vit, elle eut un hoquet de sanglot et resta à bonne distance. Elle ne pouvait ni l'approcher ni le toucher. Son papa était là, raide et glacé, lui qui avait été si vivant, si actif. Elle avait avoué à Maty que, quelques heures après la nouvelle de la mort de son père, elle avait cru à une blague que son frère aurait imaginée pour la faire descendre de Paris, afin de fêter son anniversaire, par surprise, parce qu'elle ne voulait pas le célébrer cette année-là. Cela aurait été une blague de bien mauvais goût, mais tellement plus acceptable que l'abjecte réalité qui lui sautait à la figure, comme Maty, la veille. Éléonore comprenait que ce n'était pas une farce, mais la réalité crue qui ferait d'elle à jamais une orpheline. Elle qui, si longtemps, avait essayé désespérément d'attirer l'attention de son père, qui fondait tant d'espoirs dans la mutation de son mari à Bordeaux, où ils avaient le projet de construire leur maison. Elle savait que son père viendrait aider aux travaux et ainsi, se rapprocher d'elle. Cela n'arriverait jamais, ses rêves de réconciliation étaient brisés à jamais.

Maty la prit dans ses bras et la serra très fort, sans dire un mot. Elle qui avait encore son père, ne pouvait pas comprendre la détresse d'un enfant à la perte d'un de ses parents, mais de toutes les fibres de son corps, elle l'imaginait et compatissait, comme trois ans auparavant, devant l'affliction de Luc.

Quant à Matthieu, il était silencieux, le visage fermé, il n'avait pas versé une larme, mais Maty savait que, le moment venu, ce serait le déluge, le trop-plein qui déborderait. C'est ce qui se passa lorsque les employés des pompes funèbres fermèrent le cercueil. Le regard de Maty était accroché au corps d'Alex. Elle ne pouvait pas le quitter des yeux, gravant à jamais dans sa mémoire son beau visage endormi, en paix, comme il ne l'avait pas été depuis si longtemps. Quand le couvercle se referma, les sanglots de son fils lui firent lever la tête. Elle s'obligea à ne pas se précipiter vers lui, elle le connaissait assez pour savoir que rien ni personne ne pouvait le consoler à cet instant précis. Il fallait que tous les sentiments enfouis en lui sortent : sa rancœur, son amour, les griefs, qu'il avait accumulés au cours de ces longues années devant la dureté de son père, explosent, afin qu'il soit en partie libéré. Tout cela prendrait du temps, mais Maty savait son fils assez fort pour, un jour, se sentir enfin un homme et non plus cet enfant craintif et désarmé devant son père.

« L'autre » était là aussi, l'ennemie, celle que Maty avait tant haïe. Mais, étonnement, sa présence l'indifférait maintenant. Elle ne ressentait ni empathie pour ses larmes hypocrites ni colère. Pourtant, un sentiment s'insinuait en elle, une impression qu'elle n'arrivait pas encore à définir, comme une satisfaction, un soulagement. Malgré son chagrin de la mort d'Alex, une voix lui murmurait qu'il ne serait jamais à « l'autre », qu'elle ne profiterait ni de son argent ni de sa présence permanente. Alex resterait le mari de Maty pour l'éternité, « l'autre » n'aurait plus jamais aucun droit. C'était une piètre consolation, un soulagement malsain, qui réchauffaient malgré tout son cœur meurtri.

Après la cérémonie religieuse, après la mise en terre, les embrassades, les condoléances, les proches, qui étaient venus très nombreux, se retrouvèrent dans la maison d'Alex, cette maison que Maty avait quittée trois ans plus tôt, le cœur brisé et dans laquelle elle n'était jamais revenue.

Elle la trouva triste et vieille. En quelques jours à peine, les toiles d'araignée y avaient installé leur quartier. Sur la table de la salle à manger, un bouquet de fleurs fanées pendouillait tristement, donnant à l'immense pièce une impression de décrépitude.

Maty avait le cœur serré, l'atmosphère de cette maison l'angoissait. Elle laissa les invités, s'enhardit dans chaque pièce. Dans chacune, elle ressentit le laisser-aller d'une maison sans âme, comme abandonnée.

Jamais elle ne pourrait revivre dans ce lieu. Elle l'avait aimé pourtant, elle y avait été si heureuse, quand elle était pleine de rires d'enfants, d'amis qui venaient si souvent leur rendre visite ou partager leur repas. Que de joie alors ! On dansait, on s'amusait, jusqu'à tard dans la nuit. Pendant des années, Maty organisa ces fêtes. Chaque anniversaire, chaque Noël étaient l'occasion de réunir leurs amis et leur famille.

Après le départ des enfants, elle se retrouvait souvent seule dans cette grande maison. Alex travaillait tard le soir. Quand il rentrait, ils mangeaient tous les deux rapidement et Alex allait s'allonger devant la télévision, dans son fauteuil favori, où il avait tôt fait de s'endormir. Les soirées étaient longues et mornes. La vie ne revenait qu'avec la visite des enfants. Maty n'avait plus l'envie de préparer de grands repas, les amis vinrent de moins en moins. Elle s'ennuyait, les journées étaient interminables parfois, elle perdait sa joie de vivre. Jusqu'à l'arrivée de David.

Quand elle se sépara d'Alex, elle fut malheureuse, mais au fond d'elle-même, elle éprouva du soulagement de quitter cette maison, comme si elle se défaisait d'un lourd fardeau, comme si, ailleurs, elle allait pouvoir respirer à pleins poumons. C'est ce qui arriva, malgré le chagrin qui ne la quittait pas, malgré la maladie de David, elle se sentait bien dans sa nouvelle demeure qu'elle avait joliment décorée, dans laquelle elle faisait du ménage, en s'apercevant avec stupeur qu'elle aimait cela, rendre la maison propre et joyeuse. Elle se découvrit même une passion pour le jardinage, binant, sarclant, plantant des fleurs qu'elle regardait pousser avec bonheur.

Pourquoi n'avait-elle pas fait tout cela dans leur foyer à Alex et à elle ? Peut-être parce que Alex ne savait pas apprécier tout ce qu'elle faisait, qu'il ne la complimentait jamais et que, petit à petit, Maty ne trouva plus de plaisir à rendre leur habitation agréable.

Elle aurait pu le faire pour elle, pour sa propre satisfaction. Hélas, elle avait un besoin viscéral de l'approbation d'Alex. Elle voulait le surprendre, elle souhaitait le voir admiratif, elle aspirait à ses compliments. Il n'en avait jamais formulé. Les critiques, les moqueries étaient sa façon de s'exprimer, par pudeur ou simplement parce qu'il était ainsi, elle ne le sut jamais, elle ne le saurait plus jamais.

Elle s'en voulait, aujourd'hui, d'avoir tant attendu de lui. Elle aurait dû comprendre, beaucoup plus tôt, que certain individu sont comme ils sont, que rien, ni personne, ne peut les changer. En prenant du plaisir à faire ce qu'elle aimait, sans attendre ni admiration ni critique de la part d'Alex, elle aurait été beaucoup plus heureuse et sereine, alors qu'elle s'était gâché la vie pendant des années dans l'attente d'une étincelle qui n'avait jamais jailli du temps de leur vie commune. Quand cette étincelle s'était enfin allumée, lors de sa venue chez elle, quelques jours avant sa mort, elle n'en avait pas ressenti tout le bonheur escompté, tellement l'étonnement avait figé son cerveau. C'est pourtant là que ce changement, qu'elle avait si longtemps espéré, s'était manifesté. Cette décision soudaine, tellement étrange de sa part, de venir la voir, n'avait fait que l'estomaquer au lieu de la remplir de joie. Elle n'avait pas compris que ce geste si surprenant de sa part était un pas qu'il faisait vers elle, en enfouissant un instant son orgueil et sa colère, une amorce de réconciliation, qu'elle n'avait pas vraiment compris. Et là, plantée au milieu du salon de la maison familiale, elle découvrait soudain que ce n'était pas le premier geste qu'avait fait Alex. Avant leur séparation, quand il lui préparait un repas à son retour de Paris, quand il lui avait offert, un soir, alors qu'ils étaient comme deux ennemis qui s'affrontaient quotidiennement, un bracelet en or. L'étonnement de Maty avait été tel qu'elle n'avait pas su quoi dire, juste un « merci » à peine audible. Elle n'avait pas posé la question qui lui brûlait pourtant les lèvres « pourquoi un tel cadeau en ce moment ? ». Elle appréhendait trop sa réponse, tant elle était persuadée que c'était un cadeau d'adieu. Elle avait préféré agir lâchement et ne rien demander. Elle sut, à cet instant, que ces gestes insensés et stupéfiants de la part d'un homme comme Alex, qui ne savait pas exprimer ses sentiments, étaient sa façon à lui de lui faire comprendre qu'il l'aimait. Elle ne les comprenait que maintenant, et il était mort. Quelle ironie ! Quel regret !

Ah ! Si elle avait su à ce moment-là qu'il n'y aurait pas d'autres visites, d'autres conversations, combien elle aurait manifesté sa tendresse envers lui, son bonheur de le revoir, mais elle n'avait montré que politesse et froideur, alors que son cœur débordait de non-dits, de phrases tendres. Elle s'était cantonnée au rôle de la femme sereine et épanouie, qui avait su se passer de lui pendant des années, alors que, chaque jour, le manque de lui la minait.

Finalement, elle avait porté un masque une grande partie de sa vie, en jouant à la femme heureuse, espiègle et capricieuse pendant des années auprès d'Alex, alors que son cœur était souvent triste de son comportement critique et sévère, envers elle et envers leurs enfants. Elle n'avait pas réussi à lui faire comprendre cette peine. Elle avait si souvent essayé pourtant, se cognant régulièrement à cette carapace qu'il s'était créée, on ne sait pourquoi. Elle n'avait jamais su trouver la faille, elle s'en voulait à présent d'avoir été aussi maladroite, si enfantine, si démissionnaire. Ils étaient si jeunes quand ils s'étaient mariés, mais Maty n'avait pas la maturité de son mari. Elle était restée la petite fille capricieuse et impulsive qu'elle avait toujours été avec ses parents. C'est ce comportement qui avait plus à Alex, lui, si sérieux. Il s'était parfois comporté comme un père qui gronde, pour asseoir son autorité, plutôt que comme un mari et un amant qui veut faire grandir sa femme. Mais jamais il ne lui avait reproché son attitude infantile. Le comportement de Maty n'avait pas su évoluer vers un comportement adulte et elle avait continué à être cette gamine qui plaisait tant à Alex. Quand elle était petite fille, elle n'aspirait qu'aux compliments de ses parents et elle avait continué dans cette quête avec Alex. Il avait fallu tous ces malheurs pour qu'elle prenne conscience de tout ce malentendu.

Elle entra dans la pièce qui avait été leur chambre pendant trente-cinq ans. Elle était plongée dans le noir. Elle ouvrit les volets, qui grincèrent. Le lit était défait, les draps étaient sales, la chambre sentait le renfermer. Une odeur si particulière, qu'elle connaissait si bien, lui monta aux narines : l'odeur corporelle d'Alex, âcre et animale, qu'elle avait tellement détestée pendant des mois quand elle lui reprochait son manque d'hygiène. Cette odeur lui porta l'estocade. Elle s'agenouilla au pied du lit, huma un bout de drap, le respira à pleins poumons et fondit en larme, silencieusement. Sa douleur éclatait, sortait du plus profond de son corps. Toutes ces années de tristesse, de faux semblants, d'espoir, de colère, se déversaient sur les draps sales, sur ce lit qui avait été le leur, dans lequel ils avaient été si heureux. Elle crut que le flot de ses larmes ne se tarirait jamais. À cet instant précis, elle sut, avec une certitude absolue, que plus jamais elle n'aimerait à nouveau, que son cœur était mort pour l'amour, qu'elle ne ressentirait plus jamais ce bonheur, qu'il était parti pour toujours, en même temps qu'Alex. L'Alex des jours heureux de leur jeunesse lui manquerait tout le reste de sa vie. Son deuil serait long, très très long. Mais à quoi servaient les regrets maintenant ? Ils ne feraient pas revivre tout le bonheur disparu à jamais. Elle se calma, essuya d'un revers de manche ses yeux mouillés. Son regard fit le tour de la chambre, elle constata que rien n'avait changé, Alex n'avait rien enlevé des bibelots qui la décoraient. La poupée qu'il lui avait offerte au début de leur mariage, parce qu'elle s'appelait Mathilde, était assise, dans sa robe bleue fanée, en haut de l'armoire.

Dans un cadre, le dessin qu'elle avait fait, de deux amoureux, nus, en train de s'embrasser, trônait encore sur un mur. Sur la table de nuit qui avait été la sienne, le petit chat en porcelaine, premier cadeau d'Alex, qui connaissait la passion de sa femme pour ces félins, la regardait en souriant. Toutes ces petites choses qu'elle avait aimées, qu'elle avait laissées derrière elle en partant, étaient là, comme si elle n'entendait que son retour. Pourquoi Alex n'avait pas enlevé tous ces objets ? Se pourrait-il que lui aussi ait attendu ? Cette pensée mit un peu de miel sur son cœur en lambeaux, adoucit, l'espace d'une seconde, ce déchirement qui rendrait, désormais, sa vie amputée.

Les jours, les semaines passèrent. Il ne se passait pas plus de quelques minutes sans qu'elle ne pense à Alex. Il était toujours dans sa tête, quoique qu'elle fasse dans la journée. Elle imaginait qu'il était près d'elle, alors, elle lui parlait, de tout, de rien. Parfois des banalités, parfois des phrases méchantes, dans lesquelles elle exprimait sa colère de la façon dont il était mort, comme s'il avait fait exprès d'aller droit dans le mur, en sachant très bien que le sport qu'il pratiquait était suicidaire.

Elle dormait très peu, et quand elle réussissait à s'endormir, elle faisait des rêves étranges, dans lesquels Alex et David étaient une seule et même personne.

Sa vie passée aux côtés d'Alex lui revenait par bribe. Parfois, c'étaient des souvenirs magnifiques : quand ils partaient en balade tous les deux, à moto. Elle pouvait alors ressentir l'ivresse de la vitesse, la sensation de liberté que cela engendrait. Ils étaient si radieux dans ces moments-là. Leurs deux corps n'en faisaient qu'un. Elle s'accrochait à lui et tout son être ressentait un bonheur à l'état pur, animal. Souvent, c'étaient des souvenirs douloureux : quand elle pensait ne plus l'aimer, parce qu'il était dur, critique, que son hygiène laissait à désirer, qu'il était égoïste et se refusait à écouter son mal être, en répétant qu'elle n'avait aucune raison de se plaindre. Dans ces moments-là, elle se sentait comme une souris prise au piège. L'angoisse l'envahissait alors, car elle ne trouvait pas d'issue libératrice, se posant mille et une questions quant à son futur, souhaitant un jour quitter Alex et le lendemain trouvant cette idée absolument absurde et in envisageable.

Voyant que son état mental ne s'améliorait pas, elle décida d'aller en consultation, chez son médecin traitant, qui diagnostiqua un début de dépression nerveuse et lui prescrit un antidépresseur et des somnifères.

Elle se sentit mieux au bout de quelques jours, même si ses pensées étaient toujours tournées vers Alex, elles étaient plus sereines. Elle dormait mieux avec les somnifères, elle qui avait toujours refusé de prendre ce genre de médicament, était maintenant « accro » à sa petite pilule miracle du soir. Il fallait en passer par là pour pouvoir faire ce deuil, qui, après celui qu'elle avait vécu pour David, était « le deuil en trop ».

Elle n'avait aimé que deux hommes dans sa vie, ils étaient sa parcelle de bonheur. Hormis ses enfants, ils représentaient à eux deux la part la plus importante, l'homme idéal. Elle les avait aimés différemment, mais si fort. Ce morceau si précieux lui avait été retiré. Ce qui restait d'elle-même était bancal, triste, sans saveur.

L'été arriva et elle décida, un jour d'aller au bord de la mer, dans leur maison, où ses enfants et ses petits enfants étaient en vacances.

Ils se trouvaient tous autour de la table, partageant un repas, quand sa fille lui dit :

« Maman, tu devrais t'installer dans notre maison familiale ».

« Jamais » fut la réponse de Maty.

« Mais enfin Maman, tu ne vas pas nous obliger à vendre cette maison où nous avons grandi, Matthieu et moi, je te trouve bien égoïste ».

Voilà bien les enfants ! Comment ne comprenaient-ils pas la déchirure qu'elle avait ressentie en quittant cette maison, son mari, son passé ?

« Mais je ne pourrais jamais revivre dans cette maison ma chérie, sans votre père, sans vous. J'y ai toujours eu peur, quand je m'y retrouvais seule. Elle est trop grande, trop vieille, trop lourde du passé que j'ai aimé, mais aussi celui qui me fait tant de mal ».

« Il n'y a qu'à tout changé, tout refaire, comme un "relooking" rétorqua Léo, jamais en manque de répartie.

« Elle a raison, ajouta Matthieu, réfléchis y, c'est la meilleure solution pour toi, tu n'auras plus de loyer à payer et, une fois les travaux effectués, elle sera complètement différente. Et puis, la maison est grande, Caroline pourra venir habiter avec toi ».

Maty y réfléchit des jours, des semaines, pesa le pour et le contre. Finalement, le pour l'emporta. Une nuit, elle prit cette décision déchirante : elle réintégrerait sa maison, pour faire plaisir à ses enfants, pour leur montrer qu'elle n'était pas égoïste, pour se prouver à elle-même qu'elle avait changé, qu'elle était devenue une adulte, capable de revivre dans cette grande maison, en dépassant ses peurs, et seule, dans l'éventualité où Caroline ne voudrait pas venir vivre avec elle.

Quand elle l'annonça à ses enfants, ils en furent heureux et soulagés.

Son ami Arth approuva sa décision et lui proposa de l'aider pour les travaux : l'électricité devait entièrement être refaite, elle n'était plus conforme. L'escalier droit, fait d'un tronc d'arbre, dans lequel Alex avait taillé des marches, était complètement usé, il devait être changé. Un escalier en bois et acier, plus contemporain, prendrait sa place. Les portes intérieures et les fenêtres, en bois marron, très abîmées par les années, seraient remplacées par des menuiseries blanches et des vitres à double vitrage. Les vieux volets en bois, complètement érodés par les intempéries, seraient remplacés par des volets roulants.

Le carrelage du salon et de la salle à manger, couleur brique, assombrissait la pièce. À la place, un sol carrelé blanc recouvrirait toute la surface du premier étage, pour donner une impression d'uniformité et de lumière. La grande mezzanine, au-dessus de la salle à manger, serait bouchée. Une des pièces du bas, qui lui avait servi de salle de repassage, mais qui n'avait, en fait, aucun usage défini, deviendrait une chambre d'amis, avec une salle d'eau attenante. La cuisine en petits carreaux beige, du sol aux murs, en faisait une pièce démodée et triste. Maty rêvait d'une cuisine rouge et blanche, gaie et pimpante, dans laquelle elle aurait plaisir à se retrouver le matin.

Toutes les chambres de l'étage seraient tapissées dans des couleurs assorties au parquet existant, qui était encore en excellent état. La mezzanine rebouchée laisserait place, à l'étage, à une vaste pièce palière qui servirait de salle de jeu à ses petits-enfants. La salle de bain serait rafraîchie et repeinte couleur vert anis.

Toutes ces perspectives de rénovations enthousiasmaient Maty, mais elle était loin d'imaginer l'ampleur du travail à effectuer.

Il fallut d'abord vider la maison. Maty s'y attela avec ses enfants. Ils étaient les seuls qu'elles pouvaient accepter pour effectuer cette pénible tâche. Ils jetèrent quelques vieilles affaires, s'émurent de chaque objet qu'ils retrouvaient au fond des tiroirs. Maty ne voulut pas conserver ses anciens meubles, trop de souvenirs s'y rattachaient. Elle préférait garder les meubles de David, que son fils lui avait laissé. Ils faisaient partie de sa nouvelle vie, ils avaient leur place dans cette maison.

Elle ne sauvegarda que son ancienne chambre, celle du couple d'amoureux qu'elle formait avec Alex, ainsi que l'ancienne chambre de son fils, qui était encore en très bon état. Le mélange de ces divers meubles lui semblait de bon augure pour commencer une existence nouvelle. Elle aurait à la fois un bout de David et un morceau d'Alex à ses côtés. Elle aimait cette idée de la réunion des deux hommes de sa vie avec elle. Tout ce qu'elle conserva fut remisé dans le hangar d'Alex, qui lui servait à entreposer les véhicules de l'entreprise.

Début septembre, la maison était vide, les travaux commencèrent. Matthieu s'attaqua d'abord au rebouchage de la mezzanine, qui, une fois terminé, changea vraiment l'ensemble de la pièce.

Puis, Arth entreprit de refaire tout le réseau électrique. Maty, qui n'y connaissait absolument rien, l'aida comme elle pouvait, suivant à la lettre les directives de son ami. Ce fut un travail long et fastidieux : des dizaines de trous à faire dans les murs, pour rechercher les gaines électriques, en créer d'autres, enlever les vieilles prises, en ajouter de nouvelles, leur prit des semaines. Au plafond de la salle à manger pendaient des fils électriques, telle une énorme araignée suspendue.

Puis ils entreprirent de démolir la vieille cuisine, les vieilles portes et les fenêtres. La maison ressemblait à une ruine.

Tous les matins, Maty venait travailler dans cette maison, qu'elle ne considérait plus comme la sienne, mais qu'elle prenait plaisir à embellir. Elle apprit, sur les conseils avisés et bienveillants de Arth, à crépir, à poser de la faïence, à tapisser. Il était admirable dans son rôle de professeur, sa patience était angélique, il ne s'agaçait jamais et ils travaillaient tous les deux dans la bonne humeur. Maty retrouvait sa joie de vivre, perdue depuis des années. Elle se surprit à rire, à chanter en crépissant les murs du salon. Le soir, elle était épuisée, mais satisfaite et sereine. Elle rentrait chez elle, papotait gaiement avec sa sœur, lui racontant l'avancée des travaux. Elle se donnait l'illusion que sa vie n'allait pas changer. Elle dormait comme un bébé et repartait le lendemain. Elle allait « faire sa journée de travail », comme n'importe quelle ouvrière, sans jamais vraiment admettre que c'était SA maison qu'elle rénovait. Sa pensée ne pouvait aller jusque-là, elle refusait encore d'imaginer qu'elle allait revivre dans ces lieux chargés de souvenirs, certainement toute seule, car Caroline avait abordé le sujet de leur collocation dans cette maison et Maty sentait bien qu'elle n'était pas très enthousiaste à l'idée de s'installer dans l'ancienne maison d'Alex. Mais le lendemain, elle continuait à crépir, à peindre avec entrain, sans penser à « plus tard ». Elle était admirative devant l'habileté de Arth, qui était un bricoleur hors pair.

Elle rentrait chez elle, jusqu'au lendemain, où elle recommençait avec enjouement. Ce fut une jolie parenthèse qui dura dix mois.

Caroline confirma qu'elle n'avait pas le cœur à s'installer dans la maison qu'elle considérait comme celle d'Alex, qu'elle ne s'y sentirait pas à sa place. Elle en était désolée, mais elle préférait louer une petite maison pas loin de chez Maty et se sentir vraiment chez elle. Bien que Maty se soit attendu à une telle décision de la part de sa sœur, bien qu'elle comprenne parfaitement ses réticences, elle se sentait triste. Elle devrait réapprendre à vivre seule, et cela l'inquiétait un peu. Caroline trouva donc une petite maison à un kilomètre de chez Maty. Elle fut libre très vite et elle y déménagea ses meubles en février.

Maty, voyant l'échéance de son propre déménagement approcher, s'obligea à commencer l'emballage de ses affaires, dans des cartons. Le cœur n'y était pas. Un miracle allait bien se produire, qui la ferait rester dans cette maison qu'elle aimait tant, où elle avait vécu quelques mois heureux avec David, dans laquelle elle avait vraiment envisagé de vivre le reste de sa vie. Mais les jours passaient, et les travaux dans son ancienne maison se terminaient rapidement.

Il n'y eut pas de miracle, deux mois après le départ de sa sœur, au mois d'avril, le jour du déménagement arriva. Il faisait beau, c'était le début du printemps, cela ragaillardit un peu Maty.

Ses meubles, qui étaient ceux de David, furent transportés dans son ancienne maison, qui avait retrouvé une seconde jeunesse. Les murs du rez-de-chaussée, crépis couleur orange, ensoleillaient l'immense pièce.

Durant des jours elle rangea, épousseta, décora. La vieille maison était transformée, ne ressemblant plus du tout à ce qu'elle avait été.

À son grand étonnement, Maty n'éprouva aucune crainte de se retrouver toute seule dans cette grande bâtisse. Elle avait ses deux chats. Lina huma les lieux, elle les reconnut. Jules se sentit chez lui immédiatement. Maty s'étonna de ressentir la même sérénité que dans la maison qu'elle venait de quitter avec tant de regrets. Elle aimait celle-là aussi, ce qu'elle était devenue. Elle n'y éprouvait plus cette angoisse perçue quand elle y habitait, avec Alex, et quand elle y était revenue, le jour de son enterrement. Les mauvaises ondes, perpétrées par sa tristesse et son insatisfaction des dernières années, n'existaient plus. Était-ce parce que la maison avait été rénovée ou parce qu'elle, Maty, avait changé ? Qu'importe ! L'intérieur était parfait. Elle s'attaqua avec enthousiasme à l'embellissement du grand jardin. C'était le printemps, le gazon devait être tondu, toutes les semaines. Elle plantait des fleurs, des arbustes. Elle éprouvait un bonheur sans mélange à effectuer ses tâches. Le soir, elle était fourbue mais ravie.

Elle se plaisait à imaginer que Alex était à ses côtés, comme un fantôme bienveillant, qu'il l'encourageait, la félicitait pour tout ce qu'elle avait fait pour entretenir le souvenir de cette bâtisse, qu'il avait construit de ses mains, dans laquelle ils avaient été heureux. Au fil des mois, elle se souvenait du meilleur de sa vie avec lui, les mauvais moments devenaient flous, s'éloignaient lentement, elle était en train d'oublier le pire, en se disant que le pire, c'était son absence éternelle.

Il lui manquait cruellement, mais elle se sentait malgré tout en paix, libre de toute contrainte, et, pour la première fois de sa vie, elle se sentait elle-même, sans faux semblants. Elle faisait ce qu'elle voulait, quand elle le voulait, sans que personne ne la prenne en défaut, ne lui impose ses idées, ne lui interdise quoi que ce soit. Elle mangeait quand elle avait faim, à n'importe quelle heure, se couchait tard sans que quiconque l'interpelle « tu viens te coucher ? » comme râlait si souvent Alex, quand elle ne se couchait pas en même temps que lui.

Elle partait quand elle en avait envie, rendre visite à sa famille ou à ses amis, sans avoir de compte à rendre à qui que ce soit.

Le premier hiver arriva, avec ses petits bonheurs quotidiens, son ennui parfois, mais un ennui serein, qu'elle n'avait jamais éprouvé.

L'image d'Alexandre était toujours aussi présente, mais tellement plus douce. Elle ne l'auréolait pas de toutes les qualités, elle n'oubliait pas qu'il n'avait pas été parfait, mais elle ne lui en voulait plus. Elle admettait qu'elle ne l'avait pas été non plus, que son comportement de gamine trop gâtée avait contribué largement à leur rupture. Elle était réconciliée avec Alex. En renouant avec les bons souvenirs de son passé, en s'avouant ses fautes, elle était en paix avec elle-même. L'hiver se termina, laissant place au printemps, au renouveau du jardin, apportant l'été, avec ses jours plus longs, ensoleillés, ses douces nuits.

Maty aimait sa vie actuelle. Elle avait une famille aimante, assez d'argent pour vivre dignement, des amis proches, qui lui téléphonaient souvent, lui rendaient visite, égayaient sa vie :

Sylvie, qui avait été très présente durant ces dernières années. Elle avait partagé sa peine, ses joies, avec générosité et indulgence, comme elle l'avait toujours fait, depuis leur adolescence.

Jean-Jacques, l'ami virtuel, dont elle avait fait connaissance sur les réseaux sociaux. Il apparut par hasard, dans la messagerie de Maty. Une de ces demandes d'amitié, qu'elle refusait d'ordinaire, mais qui, ce jour-là, passa par les mailles du filet. Un parfait inconnu, dont elle était devenue très proche au fil du temps. Il avait été le premier à être au courant de ses retrouvailles avec David. Chaque jour, elle lui racontait le déroulement de leur histoire, ses déconvenues avec Alex, son envie de le quitter, son chagrin d'avoir découvert son adultère, sa colère, la maladie de David, sa mort, celle de son mari. Elle lui confiait tout, elle s'épanchait dans son giron, elle riait, elle pleurait. Il l'écoutait avec bienveillance et lui donnait des conseils.

Elle n'avait jamais connu ce genre de situation : discuter aussi intimement avec un inconnu, avec qui la conversation coulait comme s'ils s'étaient toujours connus. Le fait de ne pas l'avoir en face d'elle rendait certainement les confidences plus faciles. Peut-être, ou peut-être pas ! néanmoins, il lui était devenu aussi proche que ses amis de longue date. Elle éprouvait pour lui une tendresse infinie, espérant avoir le plaisir de le rencontrer un jour.

Arth, l'ami toujours présent, qui aimait tant lui faire plaisir, qui devançait même ses désirs, qui l'entourait de tendresse, sur l'épaule duquel elle pouvait s'épancher, avec qui elle pouvait discuter pendant des heures, qui lui cuisinait de bons petits plats, car, s'il était un excellent bricoleur, il s'était révélé également un remarquable cuisinier. Un homme parfait sur bien des points. Elle aurait pu s'éprendre de lui, ce ne fut pas le cas. Comme elle l'avait pressenti, devant le lit défait d'Alex, pendant qu'elle s'imprégnait de son odeur, elle ne pouvait plus éprouver de sentiments amoureux. Son cœur était éteint. Se rallumerait-il un jour ? Elle l'ignorait, mais s'en moquait. L'affection qu'elle portait à Arth lui suffisait. Leur relation, telle qu'elle était, la comblait. Elle ne voulait pas être entravée par un nouvel amour, magnifié à ses débuts, qui deviendrait au fil du temps si lourd à porter. Elle savourait sa liberté et sa complicité avec Arth.

Son chat Jules mourut, empoisonné, un soir de printemps. Elle le retrouva, agonisant devant la porte.

Elle téléphona à tous les vétérinaires de la région, aucun ne répondit. Maty était assommée de chagrin devant ce petit corps agité de soubresauts, impuissante à soulager ses douleurs, incapable d'y mettre fin. Elle ne pouvait que le caresser en lui parlant doucement, comme elle l'avait fait pour David, afin d'adoucir ses derniers instants.

Quand il rendit son dernier soupir, que son corps s'apaisa, Maty l'embrassa, lui murmura qu'elle l'avait beaucoup aimé, qu'il allait horriblement lui manquer, qu'elle ne l'oublierait jamais. Elle le plaça délicatement dans sa couverture préférée, celle sur laquelle il dormait. Elle l'enterra dans son jardin, planta des fleurs sur sa tombe. Ce fut un déchirement, un de plus.

Combien le cœur peut-il supporter de souffrance avant de s'arrêter ? Celui de Maty ne s'arrêta pas, mais il ralentit encore. Le proverbe dit « ce qui ne vous tue pas vous rend plus fort ». Elle pensait « ce qui ne vous tue pas vous vous affaiblit ». Heureusement, il restait Lina, la douce, la discrète, la fidèle.

Maty fêta ses soixante ans, entourée de sa famille et de ses amis. Elle avait appréhendé cette nouvelle décennie, mais cela ne l'affecta aucunement. Il était loin le temps où elle redoutait de vieillir. Les épreuves subies l'avaient débarrassée de cette crainte futile.

Les jours s'écoulaient paisiblement, la solitude ne lui pesait nullement et elle trouvait sa vie très agréable. Le souvenir de ses chers disparus ne la quittait pas. Celui de David était doux à son cœur. Il était toujours l'ange qu'elle avait retrouvé, celui qui lui avait redonné goût à la vie, celui dont elle avait pris soin. Il était son ange gardien, qui veillait sur elle, là où il était.

L'Alex des jours tristes s'effaçait doucement, celui de sa jeunesse prenait toute la place. La plénitude de cette période heureuse de sa vie envahissait tout son être, balayant de sa mémoire tout le désarroi qu'elle avait éprouvé pendant des années, aux côtés d'un Alex qui l'avait si cruellement déçue. Ces doux souvenirs du jeune garçon si beau et si sensible qu'elle avait rencontré, du jeune homme splendide, fort, délicat et sensuel qu'elle avait épousé faisaient naître en elle une sérénité et une indulgence qu'elle n'avait jamais éprouvées.

Elle devait s'avouer qu'elle avait eu de la chance d'être aimée comme elle l'avait été, qu'elle avait des enfants en bonne santé et aimants, des petits fils merveilleux, des amis toujours présents. Des souvenirs heureux qui meublaient sa vie, et que la plupart des gens n'avaient pas eu autant de faveur dans leur vie.

Ce soir-là, elle alla se coucher dans sa chambre rose, ses nounours, autour d'elle, veillant sur son sommeil, plus sereine encore qu'elle l'avait été depuis quelques mois, en pensant avec une bienveillance teintée de nostalgie à Alex et à David. Ils lui manquaient tous les deux, mais ce manque n'était plus douloureux, tant ils l'accompagnaient dans son cœur tous les jours. Elle s'endormit tranquillement, le cœur et l'esprit en paix…

« Je l'ai rarement vue aussi sereine », chuchota Michka « J'ai été si inquiet pour elle, les épreuves l'ont terrassée deux fois, mais elle s'est relevée. Je suis si rassurée de la sentir enfin en paix »…

« Elle est heureuse, je crois » rajouta René.

« Les gros nuages se sont évanouis, son ciel si noir s'est éclairci. Elle est paisible, enfin. C'est peut-être cela le bonheur ! » chantonna Poète, l'ours habillé en troubadour.

« Tu as raison, Poète, le bonheur, c'est de trouver la paix intérieure » acquiesça Dormeur, l'ours en pyjama. « Notre Maty y est parvenue. Souhaitons longue vie à cette quiétude, si douce à son cœur »…

… J’ouvre les yeux. Je ne reconnais pas ma chambre rose. Pourquoi la pièce est-elle devenue blanche ? Tout est flou, comme entouré de brouillard. Au bout de quelques minutes, le brouillard se dissipe un peu, je peux distinguer une forme endormie, dans un vaste fauteuil. J’écarquille les yeux pour essayer de la reconnaître, mais elle est encore trop vague.

« Qui est là ? »

La silhouette bouge, se redresse, s’avance vers le lit. Je sens mon cœur s’accélérer, s’affoler, je rêve, je deviens folle !

« Alexandre ? Mais que fais-tu là, tu es mort ».

« Mais non je ne suis pas mort, c’est toi qui as failli mourir », répond-il avec un grand sourire. « J’ai eu la peur de ma vie en te trouvant inanimée, quand je suis rentré. Tu t’es électrocutée, tu t’en souviens quand même ? »

Bien sûr que je m’en souviens, mais cela fait des années de cela. Et puis, je n’ai pas perdu conscience durant cet accident.

Comment puis-je me retrouver des années en arrière avec Alexandre à mon chevet, alors que j’ai assisté à son enterrement, trois ans auparavant ?

« Tu es à l’hôpital, inconsciente depuis trois jours, j’ai eu si peur, j’ai cru que tu étais morte. »

Tandis qu’il me parle, il appuie sur la sonnette qui se trouve sur la table de nuit, à côté de mon lit.

Mon cerveau travaille à cent à l’heure, s’embrouille, s’affole. Qu’est-ce qui m’arrive ? Ai-je rêvé tout ce qui est arrivé ces dix dernières années ? Ou suis-je encore en train de rêver ? Non, ce n’était pas un songe, je ressens, au plus profond de moi, que c’était concret. Les rêves ne sont jamais aussi précis, aussi chronologiques. J’en ressens encore chaque douleur, chaque odeur.

Je regarde intensément Alex. Son visage est beaucoup plus jeune que dans mon dernier souvenir, lors de ce repas que nous avons partagé. Comment est-ce possible ?

« Est-ce que je peux avoir un miroir ? »

« Un miroir ? » demande Alex en riant « ouf, je suis rassuré, tu vas beaucoup mieux ».

À ce moment-là, une infirmière entre dans la chambre, certainement alertée par l'appel d'Alex il y a quelques minutes.

« Je vois que vous êtes enfin parmi nous madame, votre mari doit en être très heureux, il se faisait beaucoup de souci, vous savez ».

« Elle réclame un miroir », sourit Alex.

« C'est bon signe, je vous en apporte un tout de suite, mais avant, je vais prendre votre tension ».

Elle place le tensiomètre autour de mon bras et après quelques minutes, annonce un chiffre qu'elle semble trouver satisfaisant. Puis elle tourne les talons, revient presque aussitôt, avec un miroir, dont je m'empare fébrilement, pour y contempler mon visage.

« Moi aussi j'ai rajeuni, ce n'est pas possible ! J'ai donc rêvé, tout n'était qu'hallucination de mon cerveau endormi ».

Tout en continuant de me regarder, mes doigts effleurent mon ventre. Je ne sens pas les os iliaques, qui saillaient, après mon extrême amaigrissement, depuis ma séparation d'avec Alex.

« Je n'ai quand même pas rêvé cela aussi ! Les rêves ne contiennent pas autant de détails, tout était trop vrai ».

« Alors, tu es toujours aussi jolie qu'il y a trois jours ? » ironise Alex.

Je le reconnais bien là, essayant d'ironiser, au lieu d'exprimer sa joie de me savoir hors de danger. Je ne réponds pas, je sais maintenant que cette raillerie cache la peur qu'il a eue de me voir ainsi pendant trois jours. Son ironie ne me blesse plus, j'ai vécu des événements trop marquants et je relativise ses sarcasmes. Mais je suis de plus en plus sûre que mon cerveau n'a rien inventé, je le ressens autant moralement que physiquement.

Malgré mon aspect qui paraît plus jeune, je sens bien que j'ai mûri, mon état d'esprit est identique à celui que j'ai dans mon dernier souvenir, le soir où je me suis endormie, sereinement dans ma chambre, sans Alexandre à mes côtés.

Trois jours après, je sors de l'hôpital, toujours aussi convaincue que je n'ai pas rêvé, que ce que j'ai vécu ces dernières années est la réalité, celle que je vais certainement vivre à l'avenir.

Je n'ai donc pas encore retrouvé David, en l'état actuel de ma vie, je ne le retrouverais que dans quelques mois.

Aussitôt rentrée chez moi, je découvre, sans surprise, et malgré tout avec déception, que la maison est dans l'état où je l'ai connu ces dix dernières années, vieille, sans charme, presque lugubre. Nous n'avons donc pas fait de travaux de rénovation.

Je me précipite dans ma chambre, devant l'étagère où sont alignés mes nounours. Je constate avec effroi qu'il en manque, notamment celui que David m'a offert lors de notre dernier Noël, un gros ours blanc et frisé. Le petit dernier, que j'avais prénommé Arthy, n'est pas là non plus. Je ne sais plus quoi penser. Continuer de croire que mon rêve sera réalité ou que tout n'était qu'élucubration. Il me semble que mon cerveau va exploser !

Je ne peux rien expliquer à Alex, comment pourrait-il croire à une histoire pareille, lui si dubitatif d'ordinaire.

Il me prendrait pour une folle, et il aurait certainement raison.

Heureusement, Lina est là, toute jeune, encore fringante. Elle se frotte contre mes jambes, me souhaite la bienvenue. Je la caresse. La douceur de son pelage me fait du bien.

Que faire, sinon reprendre le cours de ma vie, ou plutôt, la recommencer.

Au fils des semaines, rien ne change de ce qui avait été. Alex, sortit de sa peur de m'avoir perdu, est égal à lui-même. Je ne fais rien pour changer les choses.

Je pourrais être beaucoup plus affectueuse avec lui, beaucoup plus sensuelle, je n'en ai ni l'envie ni le courage. Mon esprit est trop obsédé par la tournure qu'a prise ma vie, par ce rêve étrange qui semble si réel. Je suis désorientée, affolée parfois.

J'attends avec impatience qu'arrive le jour où j'avais envoyé un message à David, auquel il n'avait répondu que trois semaines plus tard, le vingt mars. J'ai tellement hâte de savoir si David est inscrit sur internet, si je vais le retrouver, ou si toutes ces années n'ont vraiment été qu'un songe, durant mon coma. Je ne pense plus qu'à cela, je ne vis plus que pour cela. Pas uniquement pour revoir David, mais pour savoir si mon avenir n'est que pure imagination de mon esprit endormi, pendant ces trois jours d'inconscience, ou si ce rêve sera la réalité future. Les jours, les semaines passent. J'essaie tant bien que mal de tenir le cap de ma vie, je m'habitue peu à peu à ce passé révolu que je dois vivre à nouveau.

Le jour tant attendu arrive enfin. Je m'installe nerveusement devant mon ordinateur, le cœur battant d'impatience. Mes mains tremblent, le doute s'installe, puis l'appréhension. J'hésite, plongée dans mes incertitudes.

Mes doigts sont sur le clavier. Vais-je accéder au site ? Retrouver David ? le rappeler à mon bon souvenir ? J'ai la certitude que si j'agis ainsi, comme je l'avais fait dix ans auparavant, je revivrais tout ce que j'ai déjà vécu.

Nous nous retrouverons et cela chamboulera nos deux vies. J'ai peur, mes mains tremblent, mes doigts tapent sur la première lettre, s'immobilisent, restent en suspens.

Je ne sais pas quoi faire, j'ai à la fois envie de ressusciter les souvenirs de cette décennie écoulée et peur qu'elle me ramène à la séparation d'avec Alex. J'ai le choix. Je suis écartelée par ces choix.

J'accède quand même au site, juste pour savoir si il existe vraiment. Il faut absolument que je le sache, j'aurai déjà un début de réponse à mes interrogations. Le site est bien réel, David est inscrit, ce n'était pas un rêve.

Mon cœur bat à se rompre, je n'ose pas écrire mon message pour David. Je m'en veux, je me traite de lâche :

« Bouge-toi ma vieille ! Si tu ne te décides pas à retrouver David, agis autrement avec Alex, essaies de changer le cours des événements. Tu l'aimes ton Alex ! Alors, réagis ! »

L'angoisse l'emporte, je renonce ce jour-là à me rappeler au bon souvenir de David. De toute façon, il avait mis trois semaines à me répondre, j'ai encore du temps devant moi.

Quand Alex rentre ce soir-là, je me montre câline et enjôleuse. Il en est agréablement surpris. Nous faisons l'amour, comme nous le faisions au début de notre mariage et nous passons une soirée délicieuse. Alex est tendre, amoureux. Je le retrouve comme au temps béni de notre jeunesse, je me sens presque heureuse, oubliant presque l'aventure hallucinante que je vis depuis quelques semaines.

Mais le lendemain, Alex redevient le chef d'entreprise pressé et autoritaire, le mari qui engloutit son repas, sans même faire attention à ce qu'il mange, s'endormant sur son fauteuil, devant la télévision, en maugréant, entre deux sommeils, parce que je change de chaîne.

Je me retrouve dans le même état d'esprit que dix ans en arrière. Les quelques heures de bonheur que nous avons vécu hier encore se sont envolées. J'essaie, pendant des semaines, de changer mon comportement vis-à-vis d'Alex, mais lui ne change pas, hormis quand nous faisons l'amour. Ce renouveau dans notre vie sexuelle le satisfait pleinement, mais son caractère reste le même. Il n'évolue pas vers plus de compréhension ni de douceur envers notre fils. Leurs disputes sont toujours aussi fréquentes. Elles me désarçonnent toujours autant. Même si Matthieu ne vit plus au domicile familial, il vient toujours aussi souvent se plaindre des critiques et de la dureté de son père. Ce dernier en fait autant vis-à-vis de notre fils. Je me retrouve comme avant ma sérénité, écartelée entre l'amour que je porte à mon mari et celui que j'aurai toujours pour mon fils, essayant de sermonner l'un et d'excuser l'autre, m'attirant les foudres d'Alex et essuyant les larmes de Matthieu.

J'essaie de relativiser, de me persuader que ce que j'ai peut-être rêvé est tellement plus traumatisant que des querelles entre père et fils. Je m'ordonne de penser que le travail prenant et harassant d'Alex le rend souvent désagréable parce qu'il est fatigué, mais je n'arrive pas à m'en convaincre vraiment.

Dois-je attendre encore des années que mon mari soit à la retraite afin qu'il ne soit plus stressé par son travail ? Comment être sûre que, même à ce moment-là, il redeviendra le mari aimant et attentionné que j'ai épousé ? Qu'il me consacrera du temps ? Que nous vieillirons main dans la main et non côte à côte comme deux colocataires ?

Il continue de s'absenter tous les week-ends pour aller à la pêche, sans s'émouvoir de ma solitude. Je l'ai accompagnée plusieurs fois et il en est très heureux. Mais je m'ennuie lors de ces après-midi de pêche. Il ne faut pas trop parler, pour ne pas effrayer les poissons et, malgré la présence d'Alex à mes côtés, les heures s'étirent trop lentement.

Pourquoi est-ce toujours à moi de faire des efforts ? Pourquoi est-ce toujours moi qui l'ai accompagné dans ses passions, et pas lui ? Je l'ai fait une grande partie de notre vie commune, je n'ai plus la force de recommencer.

Je pense à David, au David de ma jeunesse, à celui que j'ai retrouvé plus tard, qui était si tendre, si compréhensif et je n'arrive pas à me résoudre à ne plus jamais le revoir. Je sais qu'il n'est pas heureux dans sa vie actuelle. Je désire tellement qu'il vive le bonheur de nos retrouvailles, avant sa maladie.

Mais si je quitte Alexandre, il mourra. Alors que, si je reste à ses côtés, il n'ira pas risquer sa vie, un soir, pour jouer au squash, avec son ami Marc. Je serais là pour l'en empêcher, je saurais bien le retenir.

Mais tout n'est-il pas écrit au début de notre vie ? Pourtant je ne crois pas au destin, je pense plutôt que l'on dirige sa vie. Mais ai-je raison ? Que faire ? Que dois-je faire ?

J'ai traversé des moments très douloureux, mon cœur a été brisé deux fois, mais j'ai su, durant ces années de rêve, appendre à me connaître, à me respecter, presque à me valoriser. J'ai accédé à une sérénité et à une qualité de vie qui me plaît énormément.

Si je la continue telle qu'elle est actuellement, je n'évoluerai jamais. Je retomberai dans les habitudes que j'avais prises bien avant tout ce chamboulement, qui faisait de moi, au fil des années, une ménagère n'ayant rien d'autre à faire que de s'occuper de son mari, quasiment absent, de dépenser son argent en babioles inutiles et en vêtements coûteux, ce qui ne m'apportait plus qu'un plaisir éphémère. Je hais la femme que j'étais devenue, celle qui montrait une gaieté de façade, alors qu'elle n'était que larmes à l'intérieur, celle qui attendait vainement un compliment de son mari, se faisant un point d'honneur d'être toujours pimpante, mais qui grossissait, parce qu'elle s'ennuyait. Je la déteste, ce n'est plus moi. Les épreuves subies m'ont transformée, je suis à présent une vraie femme, responsable, libre et libérée de toutes ses peurs. Je ne suis plus une petite fille qui oscillait entre gaieté forcée et révolte, incapable d'exposer sa vraie personnalité de peur de déplaire.

Je sais que la vie que je mène avec Alex sera ma perte : la perte de ma libération mentale. Je me dirigerai lentement, mais sûrement, vers cette tristesse que j'éprouvais avant mes retrouvailles avec David. Rien ne changera dans ma vie actuelle, Alex ne comprendra jamais ce que je désire vraiment. Je ne veux plus vivre avec un homme dépourvu d'empathie, malgré tout l'amour qu'il a pour moi, et celui que j'ai pour lui. Il est l'homme de ma vie, je l'aimerai toujours, mais je ne peux plus vivre ainsi à ses côtés. Je dépéris, je me trahis, je me maudis. Lui ne voit rien, ne comprend rien. J'ai vécu beaucoup trop de choses en ces trois jours de coma, mon état d'esprit a trop changé. Si je reste auprès d'Alex, en mettant à profit, à son service, ma nouvelle vision de la vie, en appliquant tout ce que ces dix années m'ont appris, pour qu'il ait l'image d'une autre Maty, que mon nouveau comportement l'amène vers un changement bénéfique pour nous deux, j'aurais l'impression de balayer David, en profitant égoïstement de ses bienfaits et en le sacrifiant. Je suis devenue telle que je suis grâce aux épreuves qui ont jalonné ma vie depuis dix ans. Ce sont elles qui m'ont façonnée, qui ont fait de moi cette femme libre, volontaire, sereine et apaisée. Mon nouveau moi arrivera-t-il à dérider mon mari ? À lui ouvrir le cœur et l'esprit ? Si ce n'est pas le cas, vais-je redevenir la Maty en colère et triste que j'étais ? Les reproches fuseront de nouveau, les disputes seront légion. Je peux essayer quelques mois, encore une fois, m'efforcer de le faire évoluer vers plus d'écoute, de compréhension, m'évertuer à lui faire admettre que j'ai besoin de lui, de son temps, de sa présence. Il est l'homme que j'aime, mais il est trop différent de moi. Il est ainsi, pourquoi essayer de changer sa nature profonde ? Je sais que c'est inutile, ces dernières semaines n'ont pas modifié son caractère directif et râleur.

C'est moi qui ai évolué. Les coups reçus m'ont modifié, ils ont fait ressortir ma nature profonde, celle que j'avais masquée afin de plaire à Alex. Cet aspect folâtre, que j'exposais aux yeux de tous et qui laissait penser que ne n'étais pas que joyeuse, mais aussi un peu bêtasse, n'était qu'une façade, une carapace derrière laquelle je dissimulais mes véritables états d'âme. Alex n'était pas assez à l'écoute, il était beaucoup trop occupé pour cela, il n'avait pas de temps à perdre à débattre de préoccupations qu'il jugeait futiles. J'avais donc, instinctivement, sans presque m'en rendre compte, calqué mon comportement sur le sien. J'étais devenue l'épouse lisse, disponible, toujours satisfaite. J'avais adopté son mode de vie trépident et chacun pouvait croire que j'en étais pleinement comblée. Or, au plus profond de moi, je savais que ce n'était pas le cas. J'ai donc tenté plusieurs fois d'en faire part à Alex, me cognant à son incompréhension et à sa colère. J'ai fréquenté au cours de ma vie des personnes tellement différentes de mon mari, qui m'avaient fait prendre conscience, petit à petit, que la vie que je vivais avec lui n'était pas celle que j'avais souhaitée au fond de mon cœur. J'avais rêvé d'un mari empressé, d'un père attentif à ses enfants. Le jeune homme que j'avais épousé était prometteur de toutes ces qualités. Hélas ! Son ambition démesurée avait mangé toutes les aptitudes dont il était nanti. Il ne resta, au fil des années, que le chef d'entreprise intransigeant, démuni de compassion, affublé d'orgueil, de dialectique éristique qui barrait la route à tout débat qui le contrariait un tant soit peu.

Il ne peut donc pas comprendre mon changement, encore moins les explications que je pourrais lui apporter. Il est beaucoup trop cartésien pour cela. Il reste l'homme pressé, celui qui n'a pas de temps à consacrer aux futilités, hormis ses parties de pêches et ses marathons. Il me souhaite à ses côtés, ma présence lui est chère, mais il ne veut pas de mes jérémiades, de mes peines, de mes reproches, même justifiés. Je dois rester lisse, sans états d'âme. Je me trahirais en étant à nouveau cette femme-là, et, à ses côtés, afin d'éviter les disputes et les mises au point permanentes et fatigantes, je le redeviendrai immanquablement.

Je suis encore dans l'interrogation, je doute encore que ce rêve soit la future réalité, mais ma question restera sans réponse si je n'agis pas, si je ne contacte pas David. Tout le reste de ma vie en sera empoisonné.

Le lendemain sera le vingt mars, le jour où j'avais reçu la réponse de David. Je prends la décision, comme on se jette dans une rivière en crue, de lui envoyer le même message déjà expédié quelques années auparavant. S'il me répond, j'aurai un début de solution à toutes les questions qui tournent dans mon cerveau depuis des semaines, qui me perturbent tellement qu'il m'est devenu impossible de vivre paisiblement.

Je n'arrive pas à dormir cette nuit-là. J'ai à la fois peur que demain arrive et hâte que le jour se lève. Si David me répond, si je revis tout ce dont j'ai rêvé, je protégerai Alex. Quand j'apprendrai son infidélité avec « l'autre », je ne lui ferai aucun reproche, je le laisserai poursuivre son aventure, sans un mot, sans un cri, sans une critique. Nous nous quitterons sereinement et nous resterons proches, comme les deux amis que nous nous étions juré de devenir. Ainsi, il ne mourra pas ce soir du dix-huit avril, parce que, ce soir-là, je l'inviterai à dîner, comme je l'avais fait quelques semaines avant sa mort. Nous passerons la soirée ensemble, complices dans l'amitié. Nous soufflerons peut-être sur la braise qui se cache sous la cendre et nous rallumerons le feu de l'amour qui brûle encore.

Si, comme j'en ai la conviction profonde, la vie m'a offert une seconde chance, celle de corriger mes erreurs, je jure que je ferai tout ce qui est en mon pouvoir pour protéger Alex d'une mort déjà planifiée. Depuis notre séparation, je n'avais qu'un espoir, celui de vieillir ensemble, main dans la main. J'ai cette chance à présent, mais je ne la saisirais pas. Je l'aime toujours, mais j'aime aussi David, certainement plus que je ne le pensais. Sa mort est programmée, la maladie qui lui sera fatale est inscrite dans ses gènes, je ne peux rien contre cette saleté, mais j'ai la possibilité et l'envie maintenant de l'aimer encore plus fort.

Plus tard, je l'accompagnerai dans sa maladie avec plus de tendresse et de patience, afin qu'il soit encore plus serein.

Je lui ferai une fin de vie merveilleuse, en débarrassant mon cœur de cette lèpre qui le dévorait, cette lèpre monstrueuse qui le grignotait après ma séparation d'avec Alex. Cette rupture s'est faite dans trop de reproches, de cris, de larmes, s'achevant dans la haine. Elle a gâché notre courte vie de couple, ce qui lui a sûrement fait du mal, bien qu'il n'en ait jamais rien dit.

Je me montrerai plus adulte, moins jalouse envers Alex. Je lui dirai que je l'aime, que je l'ai toujours aimé, mais que nos vies vont prendre des chemins différents, que notre séparation nous fera le plus grand bien. Il comprendra, parce que mes paroles seront des paroles de tendresse et non de colère. Notre destinée prendra alors une autre dimension. Il n'éprouvera pas contre moi cette animosité permanente qui a engendré nos terribles disputes, par ma faute, parce que je n'avais pas toléré son infidélité pourtant compréhensible après mon abandon sexuel si long. D'ailleurs, je n'aurai plus à le punir, parce que nous continuerons à faire l'amour. Ainsi, il n'aura aucune envie d'aller vers « l'autre » pour compenser sa douleur et son manque de sexualité.

Je lui expliquerai la maladie de David, mon envie de m'occuper de lui, de l'accompagner dans les derniers mois de sa vie. Peut-être comprendra-t-il ! Le calme avec lequel on exprime les choses est primordial. J'y mettrai tout mon cœur, toute ma tendresse et ma patience. Mes retrouvailles avec David, tout ce que j'ai vécu à ses côtés, m'ont appris ces qualités.

Mon espoir secret a toujours été que les deux hommes de ma vie s'apprécient, et pourquoi pas, deviennent amis. La tendresse que nous avons toujours éprouvée l'un pour l'autre, Alex et moi, subsistera. L'amour qui nous unissait, mais que nous avons foulé au sol, ne mourra pas. Peut-être finirons-nous notre vie ensemble, plus tard, beaucoup plus tard, dans notre maison rénovée, que je prendrai plaisir à entretenir, sans attendre ses compliments, pour mon plaisir et peut-être pour le sien. Nous vieillirons ensemble, dans la confiance retrouvée. Le patriarche aux longs cheveux blancs se révélera en lui, au fil des années. Il sera libéré de ses colères, entouré d'amour par tous les siens, envahi de sérénité. Je redécouvrirai en lui toute la douceur, la sensibilité et l'humanité dont il était pourvu quand je l'ai rencontré. Toutes ces qualités dont je suis tombée amoureuse, que ses enfants n'ont pas connues, mais qu'ils seront heureux de découvrir.

Si chaque événement de notre vie est déjà programmé, je revivrai tous les bouleversements qui ont jalonné ma vie ces dix dernières années. Mais je suis sûre maintenant, avec cette expérience qui m'a été donnée, que je pourrais protéger Alex, allonger sa vie. Il pourra ainsi être libre de choisir sa voie, de revenir vers moi, ou pas. Je me sens maintenant assez généreuse, plus adulte, pour accepter son choix et expliquer le mien. Je suis fermement décidée à prendre ce risque et, malgré les doutes et les craintes qui m'animent encore, je me jette dans cette incertitude sans plus réfléchir. Il faut bien des années, des bonheurs, des épreuves, des chagrins, des renoncements, pour enfin se connaître soi-même.

À l'aube de mes soixante et un ans fictifs, je sais qui je suis, ce que je veux, ce que j'aime et ce que je hais. Je ne veux plus jouer un rôle, paraître gaie quand je suis triste.

J'ai besoin de liberté, j'ai besoin de m'estimer, d'être fière de moi. Je choisis David, je choisis de l'entourer d'affection, d'adoucir le reste de sa vie. La liberté viendra plus tard, ou pas.

Je m'installe devant mon ordinateur, j'accède au site sur lequel je sais que je vais retrouver David. Son nom est toujours inscrit parmi la liste des anciens étudiants. Il est là, il m'entend, sans le savoir encore. En imaginant son bonheur de lire mon message, je suis remplie d'une joie immense. Mes doigts courent sur le clavier et tapent le même courrier que j'avais déjà envoyé sur ce site. Nous sommes le vingt mars deux mille quatre, jour où David avait répondu à ma missive. Il est donc rentré du Maroc, il me répondra aujourd'hui même.

Quelques heures plus tard, sa réponse arrive :

« Quand j'ai reçu ton message, j'ai ressenti un bonheur comme je n'en ai jamais éprouvé, je suis sur un petit nuage… »

Imprimé en Allemagne
Achevé d'imprimer en février 2023
Dépôt légal : février 2023

Pour

Le Lys Bleu Éditions
40, rue du Louvre
75001 Paris

www.ingramcontent.com/pod-product-compliance
Lightning Source LLC
LaVergne TN
LVHW010606160826
845677LV00013B/3276

* 9 7 9 1 0 3 7 7 8 5 8 4 8 *